Frauenrundgang I

Frauenrundgang II

Kinderrundgang I

Kinderrundgang II

Frauen und Kinder im Kleinbasel

D1919764

reinhardt

Kantonsspital
Totentanz
Zentrum für Lehre + Forschung
Hebel-schanze
Schön-beinstr.
Hebelstrasse
Institut für Pathologie
Bernoullistr.
Petersplatz
Petersgraben
Spalengraben
Bus
Universität
Spalentor
Spalenvorstadt
Klingentalfähre
Klingental
Kasernenstr.
U. Rheing.
Rheinweg
Mittlere Brücke
Blumenrain
Petersg.
Herb.-g.
Spiegelg.
Marktg.
Eiseng.
Fisch-markt
Stiftsg.
Andr.pl.
Schneiderg.
Nadelberg
Rheinsprung
Martinsg.
Augustinerg.
Marktplatz
Hutg.
Münzg.
Spalenberg
Gerbergasse
Freie Strasse
Heuberg
Leonhardsg.
Falknerstr.
Pflug-g.
Weisse G.
Streitg.
Barf.-g.
Lohnh.-g.
Kohlenb.
Barfüsserplatz
Steinenberg
Schützengraben
Kornh.-g.
Holbein-platz
Spalentorweg
Schützenm.
Eulerstr.
Mostackerstr.
Holbeinstr.
Steinengraben
Leonhardsstr.
Leonh.-str.
Kanonen-gasse
Burgunderstr.
Feierabendstr.
strasse
Austrasse
Leimen-
Byfangweg
Auberg
Steinen-sch.
Heuwaage
Kohlenbergg.
Steinenbachg.
Steinenvorstadt
Birsigparkpl.
Theaterstr.
Theater
Klosterb.
Steinentorstr.
Elisabeth
Holbeinstr.
Schertling.
Rümelinbachw.
Birsigstr.
Heuwaage
Viadukt
Wallstr.

Helen Liebendörfer

Spaziergänge
zu Frauen und Kindern in Basel

Friedrich Reinhardt Verlag

Titelbild:
Ausschnitt aus dem Lebensalterfries (1903/04) von Burkhard Mangold im Rathaus (Sitzungszimmer des hinteren Gebäudes).

Rückseite:
Spielzeug um 1840, Kirschgarten-Museum Basel.

Alle Rechte vorbehalten
© 2003 by Friedrich Reinhardt Verlag, Basel
Lektorat: Monika Schib Stirnimann
Lithos und Druck: Reinhardt Druck Basel
ISBN 3-7245-1255-4

Inhalt

Vorwort

Lange Zeit sind die Frauen von der Geschichtsschreibung nur mit kargen Worten gewürdigt worden. Das hat sich zum Glück in den letzten Jahren geändert.

Mit diesem Büchlein unter dem Arm folgt man den Wohnorten, Bildern und Statuen verschiedener Frauen und Kinder und wird gleichzeitig zu den alten Gassen, reizvollen Plätzen und historischen Gebäuden der Basler Altstadt geführt. Damit ergibt sich die Möglichkeit, einerseits die Stadt auf eine besondere Art und Weise zu entdecken, andererseits die Rolle der Frauen und Kinder im Laufe der Jahrhunderte zu verfolgen und kennen zu lernen. Die Spaziergänge können jederzeit unterbrochen werden, wobei je zwei Rundgänge Frauen und Kindern im Grossbasel und ein Spaziergang Frauen und Kindern im Kleinbasel gewidmet sind.

Ergänzt mit Worten und Zitaten aus Briefen und Tagebüchern, werden Schicksale und Leistungen von Frauen vergangener Zeiten veranschaulicht. Die Geschicke der einzelnen Frauengestalten setzen sich dabei wie kleine, farbige Mosaiksteinchen zu einem bunten Bild zusammen.

Auf Spuren von Kindern durch die Stadt zu spazieren und anhand bekannter Persönlichkeiten deren Kinderzeit kennen zu lernen, zeigt oft Vertrautes, aber auch Ungewohntes und Erstaunliches, denn nicht nur die Rolle der Frau hat sich im Laufe der Zeit geändert, auch die Erlebnisse und die Erziehung der Kinder waren einem Wandel unterworfen:

«Deswegen, liebes Schwesterchen, bitte ich Euch: Auf diese Weise bezaubert Euren zukünftigen Mann und tut es immer wieder und bewahrt ihn vor dem schadhaften Dach und dem qualmenden Kamin und seid zu ihm nicht zänkisch, sondern sanft, liebenswürdig und friedfertig! ... Und nehmt Euch in acht, dass es in Eurem Zimmer und Eurem Bett keine Flöhe gibt.»[1]

(aus dem Jahre 1393)

Frauenrundgang I

Das Frauenbild im Laufe der Jahrhunderte
(von 1000 bis 2000 n. Chr.)

«Wahrlich, es ist ein schöner und hoher Beruf, der Beruf des weiblichen Geschlechtes! Ein Weib, das ganz ist, was es seyn soll, welch ein herrliches Wesen in Gottes Schöpfung!
Wenn der Mann ausser dem Hause zum Besten seiner Mitbürger wacht, und durch treue Erfüllung seiner Berufspflichten, Ordnung und Sicherheit in der bürgerlichen Gesellschaft erhält, waltet das thätige Weib in dem eingeschränktern, aber deshalb nicht minder häuslichen Leben, erhält da Ordnung, erleichtert dadurch das Wirken des Mannes, ebnet ihm durch Liebe und Treue jeden rauhen Pfad des Lebens, giesst neue Freude und neue Kraft in sein Innerstes, verwandelt ihm oft eine Einöde zu einem irdischen Himmelsgarten, und wirkt auf diese Weise mittelbar, mit verborgener, aber mächtiger Kraft, auch auf die Welt ausser dem Hause.»
Das sind «Worte einer guten Mutter an ihre Tochter» aus dem Jahre 1830. Sie stehen in einem Büchlein[2], das Schülerinnen in Süddeutschland als Schulpreis überreicht wurde (als vierter Preis!). Die Sätze zeigen deutlich, wie die herrschende Gesellschaftsordnung jahrhundertelang der Frau eine dienende Rolle zugedacht hat. Erziehung und Alltag beruhten auf der Religion. Die Gesellschaftsordnung hatte man als gut und gerecht zu empfinden, denn sie entsprach dem Willen Gottes und war ein Teil des Universums.

Rund um den Münsterplatz

Wir stehen vor dem **Münster**, der ehemaligen Bischofskirche des Bistums Basel, und finden an der Fassade diese Gesellschaftsordnung dargestellt: Zuoberst im Giebel thront **Maria**, Patronin des Münsters und Schützerin der Stadt. Dieser Frau galt die grösste Verehrung. Ihr untergeordnet findet man den Kaiser und die Kaiserin, Könige und Ritter. Früher konnte man noch einen ganzen Figurenreigen in einer Vorhalle bestaunen, einen Verführer mit den törichten und den klugen Jungfrauen sowie Kaiser Heinrich II. und Kunigunde, die beiden hochverehrten Stadtpatrone. Beim grossen Erdbeben von 1356 stürzten die Türme ein und zerstörten einen grossen Teil der Statuen. Übrig blieben nur gerade noch vier Figuren: der Verführer und eine der törichten Jungfrauen sowie Heinrich II. und seine Gemahlin Kunigunde. Die Fassade mit den Türmen musste daraufhin neu errichtet werden. Die vier erhaltenen Figuren benutzte man nun, um dem Volk ein gutes und ein schlechtes Beispiel vor Augen zu führen: Auf der einen Seite stellte man Kaiser Heinrich II. mit seiner Frau Kunigunde als gutes Beispiel hin, auf der anderen Seite den Verführer und die törichte Jungfrau als schlechtes Beispiel. In der Mitte, auf der heute leeren Säule zwischen den Türflügeln, stand bis zur Reformation eine Marienstatue, die die Gläubigen empfing. Klar ersichtlich wurden also die Guten auf der «guten» Seite, nämlich rechter Hand von Maria, aufgestellt. Die «schlechte» Seite, linker Hand von Maria, diente dem abschreckenden Beispiel. Betrachten wir nun die beiden Seiten, so finden wir das ideale Frauenbild des Mittelalters in der Gestalt der Kaiserin **Kunigunde**. Sie wurde als Tochter des Grafen Siegfried von Luxemburg um 980 n. Chr. geboren. Ihre höfische Erziehung brachte es mit sich, dass sie Handarbeiten, Lesen und Schreiben und sogar Latein lernte. Schon als junge Frau gelobte sie, in tiefer Frömmigkeit ihr ganzes Leben keusch zu bleiben. Trotzdem fügte sie sich dem Wunsch der Eltern und heiratete den bayrischen Herzog Heinrich. Es wird erzählt, dass sie ihm vor der Hochzeit von ihrem Keuschheitsgelübde berichtet und Heinrich zum gleichen Entschluss überredet habe. Ob die beiden wirklich wie Bruder und Schwester gelebt haben, kann nicht bewiesen werden. Jedenfalls blieb ihre Ehe kinderlos. Im Jahre 1002 wurde Heinrich zum König gewählt, und zwei Jahre darauf empfing er vom Papst die Kaiserkrone. Kunigunde, nunmehr Kaiserin, lebte meist zurückgezogen, obwohl sie ihren Gatten auf seinen Reisen begleitete und die Repräsentationspflichten erfüllen musste. Daneben widmete sie sich mit grossem sozialem Einsatz den Armen und Kranken und hatte viel Verständnis für die Nöte des Volkes.

Die Legende berichtet, dass Kunigunde vorgeworfen wurde, sie hätte ihren Gemahl betrogen und sei fremdgegangen. Natürlich bestritt sie das vehement. Im Mittelalter glaubte man, dass ein Gottesurteil Aufschluss geben könne über Schuld oder Unschuld: So musste Kaiserin Kunigunde mit nackten Füssen über glühende Pflugscharen schreiten. Blieb sie dabei unverletzt, galt sie als unschuldig. Und wirklich, sie bestand die Feuerprobe, und ihre Unschuld war damit erwiesen.

Das Herrscherpaar stiftete zahlreiche Klöster und Kirchen, darunter auch das Basler Münster. 1019 soll Heinrich II. zusammen mit seiner Gemahlin Kunigunde hier in unserer Stadt den Kirchenbau eingeweiht haben. Fünf Jahre später starb der Kaiser. Kunigunde führte mit ihren Brüdern noch einige Monate die Regentschaft bis zur Wahl des Nachfolgers, dann aber nahm sie den Schleier und zog sich in ein Kloster

zurück. Die ehemalige Kaiserin lebte somit als einfache Nonne noch acht Jahre lang im Kloster, bis sie im Alter von knapp sechzig Jahren starb.
Mit Kunigunde haben wir das ideale Frauenbild des Mittelalters vor Augen: keusch, fromm, zurückhaltend und sozial tätig, das entsprach dem Ideal.
Das schlechte Beispiel in der Figur der törichten Jungfrau, die sich gerade verführen lässt, braucht keine weiteren Erklärungen. Betrachtet man die Figuren der beiden gegensätzlichen Frauengestalten, so besticht Kunigunde durch ihre edle Haltung, den seligen Ausdruck im Gesicht und den schlichten Faltenwurf des Kleides. Fröhlicher, ja geradezu frivol geht es auf der anderen Seite zu: Herausfordernd steht die törichte Jungfrau da, ein keckes Lächeln im Gesicht, wobei sie bereits dabei ist, ihr Kleid zu öffnen ... Vergessen wir aber nicht, auch den Verführer genauer anzusehen: Auf seinem Rücken winden sich bedrohlich Schlangen und Kröten, und zu seinen Füssen lodert bereits das Höllenfeuer. Ein eindrückliches, abschreckendes Beispiel für jeden Betrachter.
Nun spazieren wir nach links zur **Galluspforte** auf der Nordseite des Münsters, um das ideale Frauenbild des Mittelalters noch etwas ausführlicher kennen zu lernen. Die reich geschmückte Galluspforte (um 1180 entstanden) zeigt das Jüngste Gericht. Im Bogenfeld sitzt Christus als Weltenrichter, links von ihm steht Petrus und kniend daneben der Stifter der Pforte. Rechts von Christus ist Paulus dargestellt. Er zieht die Frau des Stifters an der Hand näher zum Herrscher. Von hinten wird diese zudem von einem Engel geschoben, so als würde sie sich in grosser Bescheidenheit nicht näher wagen.
Im Türsturz, zu Füssen Christi, ist das Gleichnis der törichten und der klugen Jungfrauen dargestellt. Betrachten Sie die verschiedenen Frauengestalten: Die törichten Jungfrauen (mit langem, offenem Haar) stehen vor verschlossener Tür, denn sie sind nicht bereit, und ihre Lampen brennen nicht. Gegenüber erblickt man die wie Nonnen gekleideten klugen Jungfrauen. Sie sind bereit, ihre Lampen brennen, und Christus empfängt sie segnend.
Auch in den kleinen Tabernakeln zu beiden Seiten der Pforte entdecken wir Frauengestalten. Dargestellt sind hier die Werke der christlichen Barmherzigkeit («Ich war hungrig, und ihr habt mir zu essen gegeben, ich war durstig, und ihr habt mir zu trinken gegeben, ich war im Gefängnis, und ihr habt mich besucht, ich war krank, und ihr habt mich gepflegt.»). Die pflegende und sozial tätige Person ist jeweils mit einer Frauenfigur dargestellt. Glaube, Nächstenliebe, Mässigung und Seelenstärke, Bescheidenheit und Keuschheit waren die geforderten Tu-

Wandmalerei von Niklaus Stoecklin: Liebeslaube (1920).

genden bei beiden Geschlechtern, aber bei Frauen spielten sie eine wesentlich grössere Rolle. Man darf nicht vergessen, dass eine Frau dazu bestimmt war, ihr Leben lang gehorsam zu sein: zuerst den Eltern, dann dem Ehemann, als Dienstboten der Herrschaft. Oder wenn sie den Schleier nahm, musste sie die Ordensregeln befolgen.[3] Das verlangte Seelenstärke und Bescheidenheit …
Nun kennen wir das Idealbild der Frau im Mittelalter. Im Alltag sah allerdings einiges anders aus. Es gab nicht nur fromme Herrscherinnen und Nonnen, sondern den weit grösseren Teil der weiblichen Bevölkerung stellten die Handwerkersfrauen und die Lohnarbeiterinnen dar, die im Wirtschaftsleben überall gegenwärtig waren und eine bedeutende, nicht zu unterschätzende Rolle spielten.
Betrachten wir dazu die ehemaligen Domherrenhäuser. Das sind die stattlichen Häuser, die den **Münsterplatz** umgeben. Wir spazieren zuerst zum «**Falkensteinerhof**» (Nr. 11, schräg gegenüber der Münsterfassade). In den Häusern der Domherren dienten Mägde, wobei ihre Stellung wohl eher der einer Haushälterin entsprochen hat. Über Herkunft und Lebenslauf dieser Haushälterinnen ist leider wenig bekannt. Aber man darf annehmen, dass diese gut bezahlten Stellungen nicht von Frauen geringer sozialer Herkunft besetzt wurden. Die finanziellen

Mittel dieser Haushälterinnen waren oft erstaunlich gross. Man hört von Frauen, die mit Stiftungen für ihr Seelenheil hervortraten oder sich die eigenen Bestattungskosten leisten konnten (Glockengeläute, Sargträger, Epitaph, Totenmesse und Jahrzeitmesse). Diese Frauen waren in der Lage, Verträge auszuhandeln und ihren Willen schriftlich fixieren zu lassen. Daraus darf man auf eine gewisse Selbstständigkeit schliessen, hatten sie sich doch mit dem Problem der eigenen Bestattung zu beschäftigen und die entsprechenden Vorbereitungen zu treffen.[4]

Nach der Reformation (1529) verliessen die Domherren die Stadt. Die meisten Häuser am Münsterplatz wurden im 18. Jahrhundert im barocken Stil umgebaut. Das einheitliche Gepräge der barocken Hausfassaden rund um den Münsterplatz mit den grossen, reich verzierten Holzportalen vermittelt einen vornehmen Gesamteindruck und führt uns vom Mittelalter weg in die Neuzeit.

Wie sah es nun in den Jahrhunderten nach der Reformation mit dem Frauenbild aus? Betrachten wir dazu zuerst einmal das 20. Jahrhundert, und zwar mit der «**Liebeslaube**», einem Wandgemälde, das genau gegenüber dem Falkensteinerhof zu sehen ist (siehe Foto S. 14 und 15). Die Bilder wurden 1920 von **Niklaus Stoecklin** geschaffen für die damals hier publizierten Eheverkündigungen. Welch ein Gegensatz zu

den Figuren, die wir bis jetzt betrachtet haben! Dabei wäre der aus sechs Bogenfenstern bestehende Rahmen durchaus mittelalterlich passend, aber vom Idealbild der Frau jener Zeit – keusch und zurückhaltend – sind wir weit entfernt. Diese Bilder sprechen eine ganz andere Sprache: Die innig verliebten Paare, die in aller Öffentlichkeit Küsse austauschen, lösten sogar noch 1920 Ärger und Diskussionen aus. Zu einer Eheverkündigungstafel gehörte nach dem Empfinden des Volkes ein ernsteres Motiv als ergötzliche Liebesszenen. In den achtzig Jahren, die seither verstrichen sind, hat sich auch die Einstellung zu Liebesbeweisen in der Öffentlichkeit so stark verändert, dass heute nur ein mildes Lächeln für die Diskussionen jener Tage übrig bleibt. Dabei ging der Ärger so weit, dass das Wandbild gar in einem Vandalenakt mit Farben beschmiert wurde – und das wiederum mutet sehr modern an.
Sucht man in den Jahrhunderten nach der Reformation nach Veränderungen im Frauenbild, so stösst man vor allem im 18. Jahrhundert auf eine Epoche, die für die Frauenbewegung Entscheidendes vorbereitet hat: Es ist die Zeit der Aufklärung und der Französischen Revolution, die die alten Verhältnisse in Frage stellte, manche Regeln ins Wanken brachte und auch in Basel Wesentliches veränderte.
Am **Münsterberg**, der hier in den Platz einmündet, führte in jener Zeit im Haus Nr. 9 die dreissigjährige **Salome Geymüller** (1717–1785) einen Salon, in welchem über Literatur und Philosophie diskutiert wurde. Salome Geymüller war eine geistig überaus interessierte, belesene Dame, die einen ganzen Kreis von jungen Leuten um sich versammelte, Damen und Herren. **Isaak Iselin** (1728–1782), der auch dazu gehörte, schrieb in seinem Tagebuch von der «Gesellschaft der weiblichen witzigen Köpfe»! Der Zirkel hatte sich 1749 gebildet. Er bestand aus einem Stammpublikum von Damen und Herren, die untereinander ernsthafte Gedanken über Neuerscheinungen in der Literatur und Philosophie austauschten. Man las auch gemeinsam zeitgenössische Werke und genoss gleichzeitig, trotz der tief greifenden Gespräche, den guten Apfelkuchen der Salome Geymüller! Isaak Iselin blieb viele Jahre in Kontakt mit ihr und schätzte ihr Urteil sehr.
Er selbst wohnte zusammen mit seiner Familie im «**Reischacherhof**» (Münsterplatz Nr. 18), unserem nächsten Halt. Über dem Eingang des mächtigen Hoftors erblickt man eine kleine Statue von Isaak Iselin. Aufgewachsen war er aber nicht hier, sondern in der St. Johanns-Vorstadt. Als Isaak nur gerade ein Jahr alt war, liess sich seine Mutter **Anna Maria Burckhardt** (1711–1769) scheiden, da Vater Iselin ein früheres Verhältnis nicht aufgeben wollte. Anna Maria Burckhardt war damals erst achtzehn Jahre alt und wurde somit allein erziehende Mutter. Zu jener

Zeit, wo die finanziellen Mittel es den meisten Frauen nicht erlaubten, sich selbstständig durchzuschlagen, war eine Scheidung ein mutiger Schritt. Für eine Frau aus wohlhabender und angesehener Familie bedeutete es zudem, der Meinung und dem Geschwätz der Stadtbewohner ausgeliefert zu sein.

Anna Maria Burckhardt legte sich wieder den ledigen Namen zu. Zusammen mit ihrer Mutter erzog sie den kleinen Isaak. Die männliche Komponente vertrat bei Bedarf der «Oncle Oberst», ihr Bruder. Iselins Mutter war eine literarisch gebildete Frau – eine Ausnahme in jener Zeit –, und dieses Interesse an der Literatur hat sie auch ihrem Kind mitgegeben. Schon als Knabe las Iselin enorm viel, bis zu 200 Seiten pro Tag! Trotzdem verachtete er den Umgang mit dem schönen Geschlecht nicht. Sein Biograf schreibt: «Die Jumpfer Thelluson wurde rasch durch die kleine Eglinger verdrängt, diese durch die Müller aus der St. Johann-Vorstadt, welche ihrerseits einer Jumpfer Zäslin aus der Aeschen-Vorstadt zu weichen hatte, und dann folgten sich eine Euler, eine Winkelblech, eine Ryhiner und eine Burckhardt.»[5]

Geheiratet hat er schliesslich **Helene Forcart**, zusammen mit seinem Amt als Ratsschreiber. Vater Forcart war mit der Idee an Iselin gelangt, ihn in den engeren Kreis der Bewerber für die gut bezahlte Stellung vorzuschlagen. Aus der engeren Wahl wurde damals mit Losentscheid der Ratsschreiber bestimmt. Diese Lösung hatte man gewählt, um dem Ämtermissbrauch vorzubeugen. Vater Forcarts Vorschlag ging noch etwas weiter: Er würde ihn in den engeren Kreis bringen, falls Iselin bei seiner Wahl dafür seine Tochter heiraten würde. Helene Forcart war nämlich zwei Jahre lang in aller Leute Mund gewesen, da sie ein Verlöbnis aufgelöst hatte, weil ihr Bräutigam sich rüpelhaft benommen hatte. Deshalb waren ihre Chancen geschmolzen, einen guten Ehemann aus rechtem Hause zu finden. Zögernd war Iselin auf die Abmachung eingegangen – und das Los fiel tatsächlich auf ihn. Er wurde mit 28 Jahren Ratsschreiber und heiratete, wie ausgemacht, die Tochter Forcarts. Trotz dieser ungewöhnlichen Umstände wurde es eine glückliche Ehe. Dem Ehepaar Iselin wurden neun Kinder geschenkt, zwei Knaben und sieben Mädchen. Iselin kümmerte sich sehr um die Bildung seiner Kinder, auch um die der Mädchen. Eine Töchterschule gab es damals noch nicht; in den angesehenen Familien stellte man Privatlehrer ein. Einen solchen benötigte Iselin nur für die Mathematik. Sonst unterrichtete er seine Mädchen selbst.

Neben seinem Beruf als Ratsschreiber galt Isaak Iselins Engagement den sozialen Verbesserungen. Er gründete zusammen mit Gleichgesinnten die «**Gesellschaft für das Gute und Gemeinnützige**», die

heute aus dem Basler Stadtleben nicht mehr wegzudenken ist. Am Anfang galten die Sorgen dem «Theil der Gesellschaft, den wir mit rohem männlichen Stoltze den Schwächeren Theil nennen – dem Frauenzimmer». Man errichtete zum Beispiel eine Witwenkasse und eröffnete eine Näh- und Flickstube für arme Töchter, um ihnen die Möglichkeit zu geben, selbstständig Geld zu verdienen, und vieles mehr.
Mit **Anna Maria Iselin** (1758–1840), der zweitältesten Tochter Iselins, wollen wir uns noch etwas näher beschäftigen. Durch ihre Tagebücher wissen wir heute etwas über die Gedanken und Probleme, die sie beschäftigten. Die Bildung, die Anna Maria zu Hause erhalten hatte, führte sie nämlich zu interessanten, fast ketzerischen Überlegungen. Ihre Tagebuchnotizen sind ein aufschlussreicher Spiegel der Umwälzungen jener Zeit, in der die alten Verhältnisse in Frage gestellt wurden: «Wenn dem Weib noch eine andere Aussicht bliebe als die, sich zu verheirathen, oder als Jungfrau ein oft einsames und freudenleeres Leben dahin zu schleudern, so würde gewiss ein edlerer Eifer sie in Ausbildung ihrer intellektuellen Kräfte statt haben … Wäre es nicht zweckmässiger ihr noch ein andrer Gegenstand darzubiethen als den sich den Männern gefällig zu machen?», schreibt sie.[6] Trotz dieser Gedanken über die Unabhängigkeit fügte sich Anna Maria aber den Traditionen und heiratete auf Wunsch der Eltern schliesslich den Bandfabrikanten Niklaus Preiswerk. Dieser allerdings hatte wenig Sinn für die Anliegen seiner Frau und zeigte absolut kein Verständnis dafür, dass sie sich hinsetzen wollte, um ein Buch zu lesen. Eine Frau hatte damals stets tätig zu sein und mindestens mit einer Handarbeit versehen dazusitzen! Eine gebildete Frau galt in konservativen Kreisen sowieso als unweiblich. Anna Maria las trotzdem, und zwar Werke von Kant, Schiller, Goethe, Hölderlin, Platon und Horaz. Die Ehe zerbrach schliesslich an diesem Konflikt zwischen dem Streben nach Bildung und Selbstständigkeit einer Frau und den traditionellen Vorstellungen ihres Mannes. Anna Maria zog ins nahe Elsass, nach Folgensbourg, und übernahm die Führung des Gutes St. Apollinaris. Sie starb im hohen Alter von 82 Jahren.
Einiges zu erzählen gibt es auch vom schräg gegenüberliegenden **Rollerhof** (Münsterplatz Nr. 20), unserem nächsten Halt. Die Fenster des hohen Hauses sind mit prachtvollen Korbgittern versehen, die der Rokokofassade ein vornehmes Aussehen verleihen. In diesem stilvollen Haus wohnte der Seidenfabrikant Martin Bachofen. Seine Frau, **Margarethe Bachofen-Heitz** (1735–1819), muss eine ausserordentlich hübsche Person gewesen sein. Es wird erzählt, dass ihr Mann sie gerne mit auf seine Reisen genommen habe, zum Beispiel nach Strassburg. Dort entdeckten die Soldaten und Offiziere der Garnisonen bald,

dass es sich lohnte, bei Fabrikant Bachofen die Seidenbänder zu holen, um einen Blick auf dessen reizende Gemahlin werfen zu können. Der florierende Geschäftsgang befriedigte Bachofen sicher, aber es passte ihm gar nicht, wenn die Herren in ihren schmucken Uniformen seiner Frau den Hof machten. So befahl er ihr jedesmal, im Haus zu verschwinden, wenn ein Offizier Seidenbänder holen kam, und zwar kurz und bündig: «Gang ine.» Des Schweizerdeutschen nicht mächtig, dachten die Soldaten, das wäre der Name der verehrten Dame und empfahlen einander, die Bänder «dans le magasin de la belle Canina» zu besorgen. Es dauerte nicht lange, kannte man in ganz Basel die Geschichte und nannte auch hier Frau Bachofen nur noch «la belle Canina» ...

Vom Münsterplatz zur Martinskirche

Bevor wir uns weiter mit Mode und Schönheit beschäftigen, spazieren wir in die **Augustinergasse** und wandern bis zum mächtigen, klassizistischen Bau (1849) auf der linken Strassenseite, dem **Museum der Kulturen und Naturhistorischen Museum**. Gegenüber dem reich verzierten Portal bleiben wir stehen und blicken nach oben zum langen Fries mit den vielen Figuren im griechisch-antiken Stil (J.J. Oechslin 1849). Im Zentrum thront da eine interessante Frauenfigur, die Stadtgöttin **Basilea**, mit Krone und Stadtwappen auf dem Schild. In ihrer Darstellung erinnert sie an die Stadtgöttin Athene. Entstanden ist diese allegorische Figur in der Zeit der besonderen Begeisterung für Griechenland. Basilea hat hier als Schützerin der Stadt im nachreformatorischen Basel gleichzeitig auch die Rolle Marias übernommen.[7]

Unser Frauenrundgang führt nun weiter zum Haus Nr. 1, dem Wohnhaus von **Sebastian Brant**. Man entdeckt neben dem Eingang eine kleine Tafel, die an ihn und seinen «Bestseller», das 1494 in Basel gedruckte Werk «Das Narrenschiff», erinnern soll. Dem Buch war ein grosser Erfolg beschieden, denn Brant nimmt darin mit Versen und Bildern viele menschliche Schwächen aufs Korn. Die Leute, die des Lesens nicht mächtig waren, weideten sich an den köstlichen Holzschnitten, die anderen an den überaus treffend formulierten Versen. Über die Frauen und die Mode schreibt Brant:

«Der neuen Mod die alte weicht;
das zeigt, wie unser Gmüt ist leicht
und wandelbar in alle Schand.
Viel Modesucht geht durch das Land.
So schändlich kurz sind jetzt die Röck,
kaum dass den Nabel man bedeck

Pfui Schand der deutschen Nation,
dass man der guten Sitt zum Hohn
zeigt, was Natur verbergen möcht,
drum steht es leider jetzt so schlecht!»[8]

Die Baslerinnen und ihre Kleidermode waren nicht nur von Sebastian Brant begutachtet worden, sondern auch fünfzig Jahre früher von **Aeneas Silvio Piccolomini**. Er war Sekretär am Basler Konzil (1431–1448) und wurde später Papst Pius II. Über die Kleidung der Baslerinnen schreibt er: «Alle Frauenzimmer kleiden sich einheitlich, in unabänderlicher, biederer Weise, weswegen auch eine Dirne wie eine Nonne aussieht ...»[9] Und etwa 300 Jahre später meinte ein Hauslehrer aus Magdeburg schlicht und einfach: «Das weibliche Geschlecht in Solothurn ist viel schöner als in Basel.»[10]

Lassen wir also besser die Mode beiseite und biegen links ab, um der **Martinsgasse** zu folgen, bis wir zum «Weissen Haus» gelangen. Der stattliche Barockbau mit Seitenflügeln und mächtigem Holzportal an der rechten Strassenseite ist nicht zu übersehen. Die Gebrüder Lukas und Jakob Sarasin haben sich 1762–1768 durch Samuel Werenfels zwei nebeneinander liegende, imposante Häuser erbauen lassen, heute «**Blaues und Weisses Haus**» genannt. Die beiden waren wohlhabende Seidenbandherren; sie hatten auch eine Schwester, **Maria Sarasin**, um die sich gleich drei Verehrer ernsthaft bemühten. Alle drei Herren stammten aus guten Basler Familien, deshalb überliess man Maria die Entscheidung, welchen sie nehmen wolle. Nach mündlicher Familienüberlieferung traf sie ihre Wahl kurz entschlossen während einer Kaffeevisite: Maria lud die drei in Frage kommenden Herren ein; deckte sorgfältig den Tisch und beobachtete nun genau, wie sich die Besucher benahmen. Sie hatte nämlich, so wird erzählt, jedem der Herren eine schön gefaltete Serviette hingelegt und schaute nun, was jeder damit machte: Der erste stiess sie achtlos zur Seite, der andere entfaltete sie zwar, liess sie aber zerknüllt liegen; Johann Rudolf Merian aber nahm sie, breitete sie sorgfältig auf seinen Knien aus und legte sie nach Gebrauch wieder ordentlich zusammen. Damit waren die Würfel gefallen – Maria Merian-Sarasin ist in ihrer Ehe wirklich glücklich geworden![11]

Spazieren wir nun einige Schritte weiter bis zum «Blauen Haus». Der stimmungsvolle Hof mit dem prachtvollen, schmiedeisernen Gittertor war Schauplatz eines bedeutenden Besuches im Jahre 1814: Hier wurde Kaiser Franz von Österreich empfangen. Es war die Zeit der Auseinandersetzungen mit Napoleon. Tausende von Soldaten zogen damals über die Rheinbrücke von Basel. Mit diesen alliierten Truppen erschie-

nen auch deren gekrönte Häupter, Zar Alexander von Russland, König Friedrich Wilhelm III. von Preussen und Kaiser Franz von Österreich. Die Soldaten, Offiziere und Monarchen wurden nun in Basel einquartiert. Zu den besten Unterkünften zählte damals zweifellos das «Blaue Haus», deshalb teilte man der Familie als Gast den Kaiser Franz von Österreich zu.
Die hohe Ehre war für die Hausfrau **Anna Vischer-Sarasin** allerdings mit riesigen Umständen verbunden, wie sich leicht ausmalen lässt. In einem Brief schildert sie die Vorbereitungen: «Das ganze Haus ohne die Flügel wurde in Beschlag genommen, doch behielt Papa sein Eckzimmer und das Cabinett daneben zum Schlafen ... Nun war Ihro Majestät auf Mittwoch Mittag angekündigt und seine Leute sollten vorher kommen um einzurichten. Es erschien aber niemand! Bis in die Nacht um 4 Uhr wartete ich, dann legte ich mich schlafen. Um 7 Uhr wurde dann nach der gnädigen Frau gerufen. Ich musste sogleich 10 Weiber zur Bedienung kommen lassen – 500 Semmelbrote bestellen, den Fleischer rufen lassen, Tische für den Kaiser, den Bratenwender, Küfer und Glaser bestellen ... Die ganze Fabrik und alles, was Beine hatte, musste laufen ...» Am folgenden Tag speisten sogar alle drei Monarchen zusammen im «Blauen Haus», «um der Welt den Frieden zu bringen», wie im zweiten Stock auf einer Erinnerungstafel zu lesen ist. Bei Frau Vischer ging es aber nicht gerade friedlich zu, denn dieses Essen verursachte weitere Umstände: «Nun dachte ich auf den andern Tag fertig zu sein, nichtsweniger: Nun langten erst die zwei andern Monarchen hier an, welches prächtig anzusehen war. Damit alles recht besorgt wurde, musste ich zu meinen vier Mägden noch 13 andere Weibsbilder und noch viele Mannsleute einstellen; zusammen waren es 28 Angestellte ohne des Kaisers Bediente», berichtet sie.[12]
Über das Ende der Einquartierungszeit liest man mitfühlend im Tagebuch der Tochter **Anna-Elisabeth Vischer** (1783–1857) den Stossseufzer: «Ich habe nun genug gesehen, was Höfe sind und was sie mit sich führen.» Anna-Elisabeth hatte allerdings schon vorher eine skeptische Sicht auf luxuriöse Lebensweisen gehabt, denn sie pflegte engen Kontakt zu Christian Friedrich Spittler, einem der führenden Pietisten Basels. In einem Brief an ihre Schwester Salome klagt sie zum Beispiel über die vielen Einladungen mit den bemühenden Konversationen: «Die leidigen Visiten sind mir gar zuwider und die dummen Gesellschaften, wo man einander nichts zu sagen hat und die unbedeutendsten Dinge debattiert.» Lange Zeit sah es danach aus, als ob Anna-Elisabeth als «ledigi Jumpfere» ihr Leben verbringen müsste. Sie machte sich bereits Gedanken darüber: «Ich sehe alte ledige Personen nicht

ganz als verworfene Geschöpfe an; wenn sie wollen, können sie auch Gutes bewirken ... Ob nicht Frauen oft grösseren Kummer zu ertragen haben als Unverheiratete! Freilich entbehren die letzteren alle seligen Stunden eines glücklichen Weibes, aber wie könnten sie hoffen, diese zu finden, wenn sie ihr Herz zwingen müssten, sich ohne Neigung einem Mann zu geben.»[13] Mit 31 Jahren – für damalige Verhältnisse sehr spät – heiratete sie den Witwer Leonhard Burckhardt. Es war trotz der obigen Worte eine Vernunftheirat. Damals begann sich das Ideal der Liebesheirat zwar langsam durchzusetzen, aber man betrachtete eine Ehe immer noch in erster Linie als ökonomische Gemeinschaft. Liebe konnte dann immer noch als Folge der Eheschliessung wachsen und entstehen.
Für die beiden Kinder aus Leonhard Burckhardts erster Ehe war **Anna-Elisabeth Burckhardt-Vischer** eine liebevolle Stiefmutter, aber leider wurden ihr keine eigenen Kinder geschenkt. In Basel bleibt sie jedoch als Gründerin des **Kinderspital**s unvergessen. Nachdem ihr Gatte gestorben war, richtete sie nämlich mit grosser Energie in einem Nebengebäude ihres Wohnhauses in der St. Johanns-Vorstadt 23 ein kleines Spital für kranke Kinder aus armen Familien ein (1846). «Das Kinderspitäli der Frau Burckhardt» wurde es in Basel genannt. Es entsprach einem echten Bedürfnis, hatte Frau Burckhardt doch zusammen mit Helferinnen in den ersten sechs Jahren bereits 360 Kinder zu pflegen! Der Wunsch nach einem richtigen Kinderspital erfüllte sich drei Tage vor ihrem Tod: Zusammen mit Professor Carl Streckeisen und mit der finanziellen Hilfe ihrer Schwester Charlotte His-Vischer, die 400 000 Franken spendete, sowie einem persönlichen Legat von 250 000 Franken konnte ein Bauplatz am Rheinufer erworben werden. Das im Pavillonstil erbaute Spital blieb lange Zeit die einzige moderne Anstalt dieser Art in der Schweiz. Wie viele Baslerinnen und Basler haben Erinnerungen an dieses Kinderspital! Es gehört zu Basel – doch leider sind seine Tage gezählt. In den nächsten Jahren soll eine moderne Kinderklinik direkt neben dem Frauenspital erstellt werden.

Vom Martinskirchplatz zur Schifflände

Drehen wir die Zeit zurück ins 16. Jahrhundert und spazieren wir weiter bis zur Martinskirche und dem **Martinskirchplatz** Nr. 1, dem ehemaligen Pfarrhaus. Zur Zeit der Reformation lebte hier eine bewundernswerte Frauengestalt: **Wibrandis Rosenblatt** (1504–1564). Mit ihrer Lebensgeschichte finden wir ein beeindruckendes Beispiel für das Schicksal vieler Frauen im Mittelalter.

Wibrandis Rosenblatt wird stets mit ihrem ledigen Namen genannt, obwohl sie viermal verheiratet war. Geboren wurde sie im nahen Säckingen; sie heiratete einen Lehrer namens Ludwig Keller und lebte mit ihm und ihrer Mutter sowie einem kleinen Töchterchen glücklich und zufrieden in Basel. Leider wurde Wibrandis schon im Alter von 22 Jahren Witwe. Zwei Jahre später heiratete sie ein zweites Mal, diesmal den in Basel hochverehrten Reformator **Oekolampad**, Prediger an der Martinskirche. Dieser hatte genaugenommen aus Prinzip geheiratet; er wollte nämlich demonstrativ gegen das Zölibat handeln. Trotzdem war seine Heirat keine überstürzte Tat. Er hatte sich vorgenommen, im Zölibat auszuharren, wenn er «nicht eine christliche Schwester, eine Phoenix finde»[14] – doch dies sei ein rarer Vogel. Mit Wibrandis hatte er diesen raren Vogel entdeckt. Obwohl Oekolampad fast doppelt so alt war wie seine junge Frau, heiratete er sie 1528, ein Jahr vor Einführung der Reformation in Basel. Natürlich wurde diese provozierende Heirat nicht von allen gern gesehen, ja man spottete darüber. Unter anderen meinte Erasmus von Rotterdam, Oekolampad habe ein junges, nicht unfeines Mädchen geheiratet – nun werde ihm die fleischlose Fastenzeit nicht zu schwer fallen.

Wibrandis Rosenblatts Leben an der Seite von Oekolampad brauchte viel Mut und Durchstehvermögen. Sie stand ihrem Gatten während der turbulenten Ereignisse rund um die Reformation treu und tapfer bei. Sie pflegte auch den Kontakt mit den Reformatoren und ihren Familien in anderen Städten. Man hört zum Beispiel davon, dass sie Martin Butzers Familie in Strassburg regelmässig Schweizer Käse zukommen liess![15]

Drei stürmische Jahre der Umwälzungen erlebten Wibrandis und Oekolampad zusammen hier am Martinskirchplatz. Der Ehe entsprossen drei Kinder – dann aber starb Oekolampad 1531.

Zur gleichen Zeit verschied auch die Frau seines Freundes **Wolfgang Capito** in Strassburg. Eine Frau mit Kindern konnte sich damals kaum selbst durchbringen, während ein Witwer mit Kindern dringend auf die Hilfe einer Frau angewiesen war. So lag es nahe, dass Wibrandis bald nach Strassburg zog und Wolfgang Capito heiratete (1532). Mit ihm lebte sie neun Jahre zusammen und bekam weitere fünf Kinder. Dann aber musste sie ein Kind Oekolampads begraben, verlor bei einer furchtbaren Pestepidemie im Jahre 1541 nochmals drei ihrer Kinder – und erst noch den Ehemann!

Sechs Monate später heiratete die nun 37-jährige Frau zum vierten Mal, wieder einen Freund der Familie, den schon erwähnten **Martin Butzer**. Von ihm übernahm sie aus der früheren Ehe zwei Kinder, eines davon war behindert, dazu lebten im selben Haushalt die Eltern Butzers, während Wibrandis selbst fünf Kinder, eine Nichte und ihre Mutter mitbrachte. Man würde annehmen, damit wäre sie mit Aufgaben genug versehen gewesen. Leider ging es den Protestanten in Strassburg aber immer schlechter. Deshalb beschloss Martin Butzer, nach England zu ziehen. Zuerst liess er die Familie in Strassburg zurück, dann aber folgte ihm Wibrandis nach – und das bei den schlechten Reisebedingungen jener Zeit! Auch in England fand Wibrandis keine Ruhe, denn einmal mehr verlor sie ihren Ehemann: Auch Martin Butzer starb an der Pest (1551). So kehrte Wibrandis mit ihrer Familie zurück nach Strassburg. Sie war unterdessen 47 Jahre alt und suchte nach einem Ort, wo sie nach dem vielen Hin und Her Ruhe finden könnte. Da fiel ihre Wahl wieder auf Basel, «… weil ich mich hier am wohlsten und sichersten fühle», schreibt sie dazu. Zusammen mit ihrer betagten Mutter und den Kindern kehrte sie nach Basel zurück. Einige Jahre war es ihr vergönnt, die gesuchte Ruhe zu finden. Sie lebte bei ihrer Tochter und ihrem Schwiegersohn Jacob Meyer-Capito, dem Pfarrer zu St. Alban. Auch ihre anderen Töchter heirateten alle. Sorgen bereitete ihr aber der einzige Sohn, Johann Simon Capito. Ein berührender Brief ist erhalten, den sie an ihn schreibt und in dem sie ihn anfleht, sich zu bessern: «Lueg, bys sperlich und studier flissig. Gang dim befehl trülich nach. Bis gottesfürchtig, trink nit, spiel nit, lüg nit und hüet dich vor Huren und böser Gesellschaft … Flieh die bös Welt mit allen ihren Lüsten und erwähl dir zu sin ein Diener Christi, wie din lieber Vater selig gsin ist. Din getrüwe Mutter.»[16] Dass ihre flehentlichen Bitten nicht gefruchtet haben, erlebte sie nicht mehr. Sie starb im Alter von sechzig Jahren, ebenfalls an der Pest.

Unser Spaziergang führt nun das kurze, steile Archivgässlein hinunter zum gelb gestrichenen Gebäude der Universität am **Rheinsprung**. Wenn wir etwas abwärts schreiten, erwartet uns ein schöner Blick auf den Rhein sowie ein fröhliches Wandgemälde mit Gänsen und einer **Gänseliesel**, geschaffen von Samuel Buri (1978).

Wenn das Eingangstor zu Füssen der Gänseliesel offen ist, können Sie in den Hof spazieren, um den Blick auf den Fluss noch etwas besser zu geniessen. Vor allem aber können Sie ein weiteres kleines Kunstwerk betrachten: «**Drei lachende Mädchen**» (siehe Foto S. 25) von Alexander Zschokke (1966). Die reizende Figurengruppe steht vor der alten Basler Universität, die bereits 1460 gegründet worden ist. Hier lehrten viele berühmte Professoren, unter anderen Paracelsus (Erinnerungstafel im Eingang), Nietzsche, die Dynastie der Bernoulli und Jacob Burckhardt. Die Studenten hingen an ihren Lippen – Studentinnen aber waren keine darunter!

Alexander Zschokke: Drei lachende Mädchen (1966) vor der alten Universität am Rheinsprung

Die Frage, wann wohl die ersten Studentinnen hier zur **Universität** gingen, führt nicht sehr weit zurück: Erst vor rund 110 Jahren, das heisst 1890, durfte die erste Frau die Vorlesungen besuchen. An den Universitäten von Bern, Zürich und Genf war das schon dreissig Jahre früher möglich geworden. Basel, mit der ältesten Universität der Schweiz, fühlte sich aber der Tradition besonders verpflichtet. Weder in Deutschland noch in Österreich durften damals Frauen die Universitäten besuchen, nicht einmal als Hörerinnen waren sie willkommen. An der Basler Töchterschule konnte man auch keinen Maturitätsabschluss erlangen, da es für Mädchen weder Physik noch Chemie und auch keinen Lateinunterricht gab.

Die Zulassungsfrage wurde für die Universität akut, als eine Familie von Zürich nach Basel übersiedelte. **Emilie Frey** (1869–1937), die Tochter eines Seidenbandfabrikanten, war mit einem Zürcher Maturitätsabschluss versehen und wollte Medizin studieren. Deshalb gelangte sie mit ihrer Anfrage an die Regierung. Die prinzipielle Frage, ob Frauen zur Universität zugelassen werden sollten, wurde nun allen Fakultäten zur Beurteilung vorgelegt. Es ist in der heutigen Zeit kaum mehr nachvollziehbar, welche Bedenken zu folgenden Beurteilungen führten:

Bei der medizinischen Fakultät waren sechs Professoren dafür, fünf dagegen. Bei der philosophischen Fakultät waren zehn dafür (einige mit Einschränkungen resp. Bedingungen), elf waren dagegen. Die theologische Fakultät gab kein Votum ab, da der Pfarrdienst für Frauen sowieso nicht in Frage käme. Auch die juristische Fakultät äusserte sich ähnlich: «... da alle Staaten die Stellungen, für welche eine juristische Vorbildung gefordert wird, nur Männern übertragen und wohl noch lange nur solchen übertragen werden», hiess es.

Die Kuratel einigte sich schliesslich, dass den Frauen «... ein gewisses Bedürfnis nach höherer Bildung nicht zu leugnen sei». Darauf beschloss der Regierungsrat am 7. März 1890 die Zulassung zur Universität für Schweizerinnen sowie auch für Ausländerinnen, die im Kanton aufgewachsen waren. Emilie Frey durfte nun als erste und einzige Frau die Vorlesungen besuchen – unter 400 Studenten wahrlich ein Spiessrutenlaufen. Auch die Leute tuschelten auf der Strasse bei ihrem Auftauchen: «D'Studäntene kunnt!» Allen Widerständen zum Trotz promovierte Emilie Frey 1896 und eröffnete später an der St. Alban-Vorstadt 58 eine Praxis für Gynäkologie.[17]

Man beeilte sich, nun auch an der Basler Töchterschule einen Maturitätsabschluss zu ermöglichen. Trotzdem studierten noch viele Jahre lang höchstens 10 bis 20 Studentinnen an der Universität. Unterdessen

sieht es anders aus: Heute sind von den rund 7800 Studierenden 3500 Frauen – bei den Professoren wird es allerdings noch einige Zeit dauern, bis sich das Verhältnis etwas ausgeglichener darbietet (rund 10 Professorinnen und 130 Professoren). Man darf zuversichtlich sein, dass den Bestrebungen nach Gleichstellung der Frau in weiteren Jahrzehnten Erfolg beschieden sein wird, wenn man die Rektoratsrede von 1891 liest. Der Rektor rief damals seinen Herren Studenten kämpferisch zu: «Im Ringen und Streben nach höchsten Zielen der Wissenschaft sei jeder willkommen, der sie fördern hilft – auch das Weib, das seiner Bestimmung zum Trotz mit euch wetteifern sollte, – nützt ihr aber die Kräfte, die euch die Natur verliehen, so wird, das ist meine Überzeugung, auch in ferner Zukunft, wie von alters her, der schöpferische Geist des Mannes die Welt bewegen und gestalten.»[18] Das war vor 110 Jahren – die «lachenden Mädchen» von Alexander Zschokke freuen sich mit ihrem spitzbübischen Lächeln über den Wandel …
Die reizenden Fachwerkhäuschen, die den Rheinsprung säumen, führen uns wieder ins Mittelalter zurück. Kurz bevor wir unten im Tal ankommen, zweigt linker Hand die steile Treppe des **Elftausendjungfern-Gässlein**s ab, die zur Martinskirche emporführt. Die Legende berichtet, dass die **heilige Ursula** auf ihrem Pilgerzug nach Rom mit elftausend Jungfrauen an der Schifflände gelandet und diese Treppen emporgestiegen sei, um in der Martinskirche zu beten. Es ist allerdings ein Lesefehler, es waren wohl nur elf Jungfrauen, was in Anbetracht der Reisemöglichkeiten um 500 n. Chr. eher vorstellbar ist. (Der Bericht mit den römisch geschriebenen Ziffern XIMV wurde folgendermassen gedeutet: XI = elf, M = tausend, V = Virgines/Jungfrauen; es ist aber anzunehmen, dass das M nicht als «tausend», sondern als «Martyres» zu lesen ist, denn die Märtyrer-Jungfrauen wurden von den Hunnen überfallen und getötet.[19]) Schade, die Vorstellung von elftausend Jungfrauen ist viel reizvoller …
Bis zur **Schifflände** sind es nur wenige Meter. Wir finden dort keine heiligen Jungfrauen mehr, dafür aber eine wackere **Amazone** mit Pferd. Die Skulpturengruppe wurde von Carl Burckhardt geschaffen (1923) und ziert hier den Brückenkopf der **Mittlere**n **Brücke**. Herodot berichtet über die kriegerischen Amazonen (übersetzt «brustlos»), dass sie ihre rechte Brust entfernt hätten, damit sie ungehindert den Bogen benützen konnten. Unsere Amazone hat nichts Kriegerisches an sich, ballt aber ihre linke Hand zu einer Faust. Diese Geste hilft vielleicht heute über den Gedanken hinweg, dass im Mittelalter bei der Kapelle auf der Brücke viele Frauen ihr Leben lassen mussten: Es gehörte nämlich bis 1634 zum Strafgebrauch, dass man beim «Käppelijoch» Ehebre-

cherinnen, unzüchtige Weibspersonen und Kindsmörderinnen an Händen und Füssen gebunden in den Rhein warf! Kindsmörderinnen gab es leider recht häufig, denn meist wurde ein ausserehelicher Verkehr erst durch die Geburt eines Kindes entdeckt. Deshalb versuchten die Frauen in ihrer Verzweiflung oft, den Fehltritt zu verbergen, indem sie das Neugeborene töteten oder aussetzten. Der Blick zurück auf die heimeligen Fachwerkhäuschen am Rheinsprung lässt die gute alte Zeit erstehen – der Blick auf die Brücke und zum Käppelijoch erinnert aber an die Schattenseiten, die man allzu gerne vergisst …

Von der Schifflände zum Marktplatz

Bleiben wir trotzdem noch etwas im Mittelalter und wenden wir uns den Zünften zu. Nachdem wir vom Münsterhügel ins Tal hinuntergestiegen sind, haben wir die hohe Geistlichkeit verlassen und befinden uns nun dort, wo sich im Mittelalter die Handwerker angesiedelt hatten. Die Strassennamen erinnern heute noch daran: Gerbergasse, Hutgasse, Schneidergasse oder hier die **Eisengasse**. Sie führt von der Mittleren Brücke zum Marktplatz. An der Stelle des Geschäftshauses Nr. 5 stand im Mittelalter das **Zunfthaus zu Spinnwettern**, der Versammlungsort der Bauleute und Maurer. Die Zünfte spielten im späteren Mittelalter in Basel eine herausragende Rolle. Politisch und gesellschaftlich bildeten sie das Schwergewicht des städtischen Lebens. Heutzutage haben sie ihre politische Rolle eingebüsst, aber sie bewahren viele schöne Traditionen. Schon im ältesten erhaltenen Basler Zunftbrief aus dem Jahre 1226, dem der Kürschnerzunft, erfahren wir aber, dass die Frauen «… bezahlen gleich den Männern, um arbeiten, kaufen und verkaufen zu können». Auch bei den Bauleuten der Spinnwetternzunft ist festgehalten, dass «… in derre selbin Zunft sind die Frauen [sowohl] als die Man».[20] Oft führten Frauen nach dem Tod ihres Ehepartners mit Hilfe der Gesellen das Geschäft so lange weiter, bis die Söhne es übernehmen konnten oder sie sich wieder verheirateten. Besonders viele Frauen gehörten der Webernzunft an, es gab aber auch zahlreiche Bäckerinnen, Schneiderinnen und Krämerinnen, auch Schindelmacherinnen und Gerberinnen werden aufgezählt. Die Frauen waren den Zunftbrüdern gleichgestellt. Vom Wachehalten auf den Stadtmauern und vom Kriegsdienst waren sie allerdings befreit. Aber bei den Befestigungsarbeiten an der Stadtmauer wurden Frauen eingesetzt, allerdings durfte man dazu «kein jung Döchterlin» schicken. Vermutlich hätten dann die Mannen zu wenig konzentriert gearbeitet …

Unser Spaziergang führt nun zu einem der schönsten Brunnen der Stadt. Wir zweigen bei der ersten Gasse nach rechts ab, gehen das kleine Tanzgässlein hinunter und gelangen zum reich verzierten **Fischmarktbrunnen**. Obwohl dieser figurenreiche Brunnen (Ende 14. Jh.) von Trambahnen und Bussen laufend verdeckt wird und der Lärm empfindlich stört, kann man versuchen, sich das mittelalterliche Leben vorzustellen. An den öffentlichen Brunnen musste man jeweils das Wasser holen. Dies war Frauensache, eine mühselige Arbeit, die aber auch eine gute Seite hatte: Man traf am Brunnen andere Frauen und Mägde, mit denen man plaudern und Neuigkeiten austauschen konnte. Hin und wieder ergab sich auch die Möglichkeit, mit einem jungen Mann zu schäkern. Dieser passte gerne auf einen günstigen Moment, um sein Mädchen treffen zu können. Der Fischmarktbrunnen diente lange Zeit auch den Marktleuten dazu, ihre Fischkästen ins kühle Wasser zu stellen, denn rings um diesen Brunnen wurde bis ins 20. Jahrhundert hinein Fischmarkt abgehalten. Milde lächelnd blicken die vielen Figuren vom Pfeiler auf das unstete Treiben der heutigen Zeit: Maria, Petrus und Johannes der Täufer, aber auch die «heiligen drei Mädchen», **Katharina, Barbara und Agnes**.
Wir setzen den Weg nach links fort durch die **Stadthausgasse**, die Strasse, in welcher der Privatverkehr rollt. Beim Haus Nr. 18, «Zer guldin Rose», besuchen wir im Geist die Familie Graf, die hier Anfang des 16. Jahrhunderts gewohnt hat. Frau **Sibylla Graf-von Brunn** hatte gegen den Willen ihres Vaters den hoch begabten Künstler und Goldschmied Urs Graf geheiratet. Den Widerstand des Vaters kann man verstehen, denn Urs Graf war laufend in Raufhändel und Weibergeschichten verwickelt. Das empfahl ihn nicht als Ehemann, obwohl er als Künstler reichlich Aufträge erhielt. Sibylla von Brunn hatte sich in diesen wilden Burschen verliebt, aber der Vater wies den Freier ab. Der verzweifelten Sibylla blieb deshalb nur ein Weg offen: Wer sich vor Zeugen das Eheversprechen gab, wurde damals gesetzlich ein Ehepaar. Mit Hilfe der Mutter gelang es Sibylla, mit Urs Graf zusammenzukommen, und die Ehe wurde 1511 geschlossen. Hier im Haus «Zer guldin Rose» lebten die beiden zusammen. Das hohe, schmale Haus zeigt heute noch die Einteilung jener Zeit: Im Erdgeschoss war die Werkstatt und gegen die Strasse hin der Laden. Im ersten Stock beim grossen Fenster lag die gute Stube, dahinter die Küche. Die Schlafkammern befanden sich im oberen Stockwerk, und der Geselle schlief in der Dachkammer. Die Fenster waren wohl nur bei der guten Stube verglast, das heisst mit Butzenscheiben versehen. Hier stand auch ein Kachelofen. Gemütlich warm war es hauptsächlich in der Küche am Herdfeuer. Hier

sass Sibylla Graf-von Brunn mit ihrem Kindlein Urs, das sie ein Jahr nach der Heirat geboren hatte (siehe Bild S. 31). Aber glücklich geworden ist sie nicht. Urs Graf war zwar ein grosser Künstler, aber leider gar kein guter Ehemann. Die Befürchtungen des Vaters von Brunn erwiesen sich alle als berechtigt. Die Gerichtsakten berichten auch nach der Eheschliessung immer wieder von Streitigkeiten und Händeln, in die Urs Graf verwickelt war, bis hin zu einem beinah Totgeschlagenen. Und einmal hört man von einem Gefängnisaufenthalt «umb sins üppigen Lebens mit schlechten Weibern» willen. Bei seiner Entlassung musste Urs Graf schwören, dass er «sin ehelich Gemahel weder stossen, slahen, knütschen, clemmen, noch in einigen anderen Weg wolle beleidigen»[21]! An eine Scheidung konnte Sibylla trotz der geschilderten Umstände nicht denken. Die Kirche war bis zur Reformation in allen Eheangelegenheiten Schiedsrichterin, und hier galt unverbrüchlich «bis dass der Tod euch scheidet». Dies scheint dann eingetroffen zu sein, denn 1528 wird Sibylla als Witwe aufgeführt. Sie heiratete wieder, und diesmal scheint sie mit dem Schleifer Thomas Wels eine glücklichere Hand gehabt zu haben – jedenfalls liest man von ihm nirgends etwas in einer Gerichtsakte.

Ehescheidungen waren bis zur Reformation undenkbar, es sei denn, der Ehepartner hätte sich als Heide entpuppt. Nach der Reformation sah es anders aus. Scheidungen wurden nun ausgesprochen, allerdings betrachtete man sie als Notlösung. Jetzt wurde Ehebruch als Grund anerkannt. Ebenso galt von nun an der Umgang mit Dirnen als Sünde, während vorher der Staat eigene Freudenhäuser geführt und den Kriegsknechten regelmässig Dirnen auf die Kriegszüge mitgegeben hatte. Für das Aussprechen der Scheidungen musste nun ein Ehegericht geschaffen werden. Die Eherichter griffen manchmal zu ebenso köstlich wie simpel anmutenden Urteilen: Man sperrte zum Beispiel streitende Ehepaare kurzerhand zusammen ein, bis sie sich wieder vertrugen!

Unter den ersten Ehescheidungen findet man auch die einer bekannten Familie. Um mehr darüber zu erfahren, begeben wir uns ins **Totengässlein** (die nächste Gasse rechts hochsteigen) zum Haus «Zum Sessel». Die Haustüre trägt die Nummer 3. Öffnen Sie sie ruhig, denn sie führt in ein stilles, abgeschiedenes Höflein und zum Eingang des Pharmaziemuseums. Die bedeutende Buchdruckerei des Johannes Froben befand sich an diesem Ort – erhalten ist davon noch die Hauskapelle –, wo im 16. Jahrhundert die Geistesgrössen Erasmus von Rotterdam, Bonifacius Amerbach, Beatus Rhenanus und viele andere mehr ein und aus gingen. Johannes Froben heiratete im Jahre 1510, mit fünfzig Jahren,

Urs Graf: Frau und Kind (1514), Federzeichnung im Kupferstichkabinett in Basel.

die junge **Gertrud Lachner**. Für sie ging damit ein Traum in Erfüllung, galt doch ein Druckerherr, auch wenn er schon älter und Witwer war, als beste Partie, die man machen konnte. Als Froben siebzehn Jahre später starb, war die «Lachnerin» immer noch in jugendlichen Jahren, sodass sich bald ein neuer Bewerber einfand, wiederum ein Buchdrucker, Johannes Herwagen. Die Verbindung mit ihm endete allerdings gar nicht glücklich, und die Klatschmäuler in Basel hatten viel Gesprächsstoff: Herwagen ging nämlich fremd! Er schämte sich nicht, ausgerechnet mit der Gattin von Frobens Sohn aus erster Ehe ein Verhältnis anzufangen. Nun wurden die Ehescheidungen gleich zweifach ausgesprochen: Die «Lachnerin» trennte sich von ihrem untreuen Ehemann Herwagen, und auch der junge Froben liess sich scheiden. Für die Frau des einst berühmten Buchdruckers war es ein hartes Schicksal. Sie, die so bedeutende Leute wie Erasmus von Rotterdam zu ihren Gästen gezählt hatte, musste nun diese grosse Demütigung hinnehmen. Herwagen selbst kam glimpflich davon, er erhielt nur leichten Hausarrest und ein strenges Wirtshausverbot – Gertrud Lachner aber wollte ihn nie mehr sehen.[22]
Wenden wir uns erfreulicheren Dingen zu. Hier im Hof des **Pharmaziemuseum**s darf man sich daran erinnern, dass früher hauptsächlich die Frauen kräuterkundig waren: die «Wyber, so Arzney trieben». Aufschlussreiches kann man im Innern des Museums finden, unter anderem auch ein Rezept für einen Liebestrank. Zu den besonders auffälligen Figuren der Stadt gehörten immer wieder Frauen, die mit Kräutern handelten. Zum Beispiel noch Anfang des 20. Jahrhunderts das «**Chrütterlisi**», ein altes, verhutzeltes Weiblein. Man munkelte, es wohne in einer Höhle. Es sammelte in der Umgebung von Basel Heilkräuter, die es dann in der Stadt an den Mann und an die Frau brachte. Neben seinem Kräutersack trug das «Chrütterlisi» immer auch einen kräftigen Stock mit sich, mit dem es wild gestikulierend und fluchend die spottenden Kinder zu vertreiben versuchte, die ihm «Alti Häx, Nummere sächs!» nachschrien.
Eine echte Baslerin kannte viele Rezepte mit diversen Kräutern. Bevor man zum Arzt ging, versuchte man nämlich zuerst die seit Generationen bewährten Hausmittelchen. Dazu gehörte zum Beispiel der Kapaun (ein kastrierter Junghahn), der eine Art Allheilmittel gewesen zu sein scheint: Geröstet und in einem Mörser zerstossen, half sein Fleisch bei Schwindsucht (Tuberkulose); oder es wurde ein Pflaster hergestellt aus Kapaunenschmalz vermischt mit Bockunschlitt (Talg), das «an einem Donnerstag angelegt gewaltig half» gegen Krampfadern – abgesehen vom bewährten Kopfwehmittel, das aus geröstetem Kapaunenpulver, gekocht mit Rosen und Veilchen, bestand.[23]

Das Totengässlein.

Kopfweh bereitete Anfang des 19. Jahrhunderts dem Staat die höhere Mädchenbildung, denn der Ruf nach einer besseren Schule für Mädchen wurde immer lauter. Hier im Haus «Zum Sessel» wurde Basels erste höhere **Töchterschule** eingerichtet. Die Initiative dazu war von der «Gesellschaft für das Gute und Gemeinnützige» ausgegangen: Es gehe um «weniger nicht als die Bildung und Erziehung der einten Hälfte des menschlichen Geschlechts unter uns, nehmlich die weibliche Jugend, für welche bis dahin der Staat noch nichts oder wenig getan hat».[24] Mit der tatkräftigen Unterstützung durch den bedeutenden Politiker Peter Ochs war es 1813 endlich zu einer Schulgründung gekommen. In einem Wohnhaus am Spalenberg gingen die ersten Töchter fleissig zum Unterricht. Der Staat konnte sich ein Jahr später bereit erklären, die Schule als öffentliche Institution zu übernehmen. Durch den recht bescheidenen Staatsbeitrag war die Schule aber keineswegs selbsttragend. Dazu musste ein recht hohes Schulgeld verhelfen, das jeweils die Eltern der Mädchen zu bezahlen hatten. Trotz dieses Schulbatzens war die Nachfrage gross. Schon nach sechs Jahren wurde aus Platzgründen die Töchterschule hierher ins Haus «Zum Sessel» verlegt. Der rasante Fortschritt ging munter weiter: Waren es zuerst 130 Mädchen, füllten schon bald 336 Schülerinnen die Räume! So musste ein Neubau dem Platzmangel abhelfen.
Wenn wir das Höflein nun verlassen und wieder die Treppe abwärts schreiten, spazieren wir diesem Neubau entlang, der 1856 vom Architekten Amadeus Merian entworfen wurde. Aber nur dreissig Jahre später war schon wieder ein grösserer Bau fällig, diesmal erstellte man ihn an der Kanonengasse (1884). Die Platzprobleme waren jedoch immer noch nicht gelöst, denn um die Jahrhundertwende hatte die Schülerinnenzahl das Tausend überschritten. Seit 1906 beherrscht nun ein markanter Schulhausbau den Kohlenberg, als **Mädchengymnasium** erbaut und von den spitzen Basler Zungen gerne als «Affenkasten» bezeichnet. Den Staat hat im Laufe der Zeit die Bildung der «einten Hälfte des menschlichen Geschlechts» einiges gekostet.
Während wir nun geradeaus zum Marktplatz weiterspazieren, gelangen wir zu Basels ältestem Handschuhgeschäft im Haus an der **Stadthausgasse** Nr. 9. Seit 1864 werden hier Handschuhe verkauft. Früher hiess der Laden «Ganterie Tyrolienne», weil man das feine Ziegenleder vor allem aus dem Tirol bezog. Lange Zeit kamen die Tiroler Handschuhmacher mit einem Tragkorb auf dem Rücken durch die grossen Städte gezogen bis hinunter nach Amsterdam. In Basel scheint der Absatz gross gewesen zu sein, denn einer dieser Handschuhmacher liess sich hier nieder und eröffnete an der Stadthausgasse einen Hand-

schuhladen. Bald findet man Frauen als Besitzerinnen des Geschäfts aufgeführt, nämlich **Barbara Friedlin**, die seit 1882 zusammen mit ihren beiden Schwestern den Laden führte, der auch heute noch als «Händsche-Friedli» jedermann in Basel vertraut ist. Früher hingen drei riesige Handschuhe über dem Eingang als Aushängeschild. Da die Studenten sich aber jeweils einen besonderen Spass daraus machten, die Riesenhandschuhe nachts abzuhängen und irgendwo als Jux anzubringen – zum Beispiel beim nahen Polizeiposten –, verzichtete man leider auf diese spezielle Attraktion.[25] Heute hängt wenigstens noch ein kleiner Handschuh am Schild.
Von Frauen als Geschäftsführerinnen ist immer wieder zu lesen, so auch von **Susanne Ronus** (1769–1835), die zusammen mit Mutter und Schwester eine Tuchhandlung am **Marktplatz** führte. Neben ihrer beruflichen Tätigkeit freute sie sich aber besonders, in der freien Zeit den Kindern Märchen zu erzählen. Schliesslich veröffentlichte sie ihre selbst erdachten Geschichten sogar. Susanne Ronus gilt damit als erste Baslerin, die Kinderbücher schrieb.
Wir beenden unseren Rundgang vor dem **Rathaus** am Marktplatz. Vornehm gekleidete Männer und Frauen blicken von der Fassade auf den Platz hinunter. Hans Bock hat sie um 1600 gemalt. Allerdings musste Wilhelm Balmer um 1900 die Malereien durchpausen und frisch anbringen. Dabei hat er auch zwei Damen porträthafte Züge gegeben: In der Spinnerin über der Nische der Stadtwache ist die Frau des Komponisten Hans Huber zu erkennen, die Gerechtigkeit mit den Gesetzestafeln trägt die Züge der Frau des Basler Denkmalpflegers Riggenbach (besser bekannt unter dem Übernamen Dinge-Dinge). Bei der grossen Uhr im Zentrum der Fassade entdecken wir schliesslich die drei Figuren, die am Anfang unseres Rundgangs gestanden haben: links die Kaiserin Kunigunde, rechts Kaiser Heinrich II., in der Mitte eine Maria, welche hier nach der Reformation allerdings in eine **Justitia** umgewandelt wurde. Blicken wir empor zur Kaiserin **Kunigunde**, die uns zu Beginn als ideale Frauengestalt des Mittelalters vor Augen geführt worden ist. Tausend Jahre liegen zwischen den beiden Darstellungen – wir haben auf unserem Spaziergang diese Jahrhunderte Revue passieren lassen. Vieles hat sich verändert: Heute ist die Frau nicht mehr zum unbedingten Gehorsam verpflichtet, und sie ist auch nicht mehr auf Gedeih und Verderb auf männliche Unterstützung angewiesen. Sie hat gelernt, auf eigenen Füssen zu stehen. Die vielen Jahre, die es brauchte, um so weit zu kommen, dürfen all jenen, die sich mit Frauenfragen beschäftigen, tröstlich vor Augen stehen: Es macht geduldig.

Frauenrundgang II

Frauenberufe, Frauenschicksale

«Fragen Sie nur die Geschichte und Ihre Erfahrung so werden Sie finden, dass zwar alle männlichen Ämter von Weibern wohl bedient werden können, aber kein weibliches von einem Mann.»[26]

Johann Peter Hebel, 1805

Vom Marktplatz zum Nadelberg

Frauen haben stets ihren Platz ausgefüllt und «ihren Mann gestellt». Das lässt sich anhand vieler Beispiele nachweisen. Hier am Marktplatz denkt man zuerst an die vielen **Marktfrauen**, die unermüdlich jeden Tag frühmorgens aus dem Markgräflerland und aus dem Sundgau schwer beladen nach Basel wanderten, um auf dem Markt ihre Erzeugnisse zu verkaufen. Sie standen nicht bescheiden und ruhig hinter einem Marktstand, sondern priesen mit lauter Stimme ihre Erzeugnisse an: «Chromet Chirsi, chromet Anke, chromet Andivi! Chromet Ziebele, geli Rüebe, Peterliwurze!», schildert Johann Peter Hebel treffend die verschiedenen Rufe.[27] Nicht nur Gemüse, sondern auch Mittel für die Hausapotheke wurden angeboten. Als «Badblüemli» wurden sie angepriesen. Dazu zählte zum Beispiel das Reckholderholz (Wachholder), aus dem man den besten Schwitztee herstellen konnte. Gebadet hat man allerdings nicht zu Hause, denn Privatbäder gab es nur wenige, sondern in öffentlichen Badstuben.

Eine solche Badstube befand sich zum Beispiel am **Andreasplatz**. Um dorthin zu gelangen, spazieren wir durch die Sattelgasse (gegenüber dem Rathaus) und gelangen, geradeaus weitergehend, zum kleinen, stimmungsvollen Platz. Früher stand hier mittendrin die St. Andreas-Kapelle. Man hat sie 1791 abgerissen, um mehr Licht, Luft und Raum in die eng zusammengepferchten Häuser zu bekommen. Der Durchgang zwischen Kirche und Häusern war nämlich so schmal, dass zwei Personen mit Körben beladen nicht aneinander vorbeigehen konnten. Die Umrisse der Kirche sind heute in den Pflastersteinen angedeutet. Linker Hand finden wir ein Haus mit dem interessanten Namen «Wachtmeisterin Hofstatt» (Nr. 3). Über diese Wachtmeisterin ist leider nichts bekannt, ausser dass sie 1349 bestimmte, dass von diesem Haus ein Zins an St. Peter zu zahlen sei für eine Seelenmesse. Etwas mehr erfährt man über eine spätere Bewohnerin dieses Hauses (1516), **Clara Rink**. Sie war eine grosse Wohltäterin der Kirche St. Peter, wo ihr Bru-

der Kaplan war. Sie stiftete unter anderem den dort heute noch zu bewundernden, wunderschön gehauenen Taufstein.
Im Eigentum von St. Peter war auch die Badstube am Andreasplatz 15. In die Badstube ging man aber nicht allein zur Reinigung. Da wurden auch Haare geschnitten und Wunden gepflegt, manchmal sogar operiert und geschröpft. Die Bader und Scherer waren stets beschäftigt. Die öffentlichen Badstuben waren auch Orte, wo man sich zu geselligem Beisammensein und allerlei Kurzweil treffen konnte, denn Männer und Frauen sassen gemeinsam im Bad! Erst als in Basel das Konzil tagte (1431–1448), kamen moralische Bedenken auf, und man fürchtete, dieses gemeinsame Baden könnte bei den Fremden Anstoss erregen. «Nachdem und dahar in der Stadt Basel gewonheit gewesen, die nit vast (sehr) lobelich und an mengen enden eine ungehört sach ist, dasz wibe und mann undereinander baden sollten, und auch das heilige Konzilum by uns jetzt angefangen ...»[28], beschloss der Rat, dass von nun an nur noch getrennt gebadet werden dürfe. Die Badstube am Andreasplatz war fortan für die Frauen reserviert. Mehr als 400 Jahre diente ihnen diese Badegelegenheit, bis man 1819 die Badstube schloss.
Wir steigen nun die kleine Treppe am hinteren Teil des Platzes hoch, wenden uns nach links und gelangen ins enge **Imbergässlein**, wo früher vor allem die Gewürzhändler wohnten («Ingwergässlein»). Heute wandelt man besonders gerne an der Fasnacht durch dieses schmale Gässchen und besucht in den alten Kellern der Häuser mehrere stimmungsvolle Cliquenlokale. Im **Peffergässlein** Nr. 6 hängt über dem Eingang eine kleine bemalte Laterne, die auf einen solchen Keller hinweist und verschiedene typische Fasnachtsfiguren zeigt. Unter anderem ist eine «**Alti Dante**» zu entdecken, eines der beliebten traditionellen Kostüme. Ein wunderschöner Hut, ein reich verziertes Kleid und eine Larve (Maske) mit einer spitzen Nase gehören dazu und – nicht zu vergessen – eine spitze Zunge! Mit der «alten Tante» wird das ledige Fräulein karikiert, das jede gute Basler Familie aufzuweisen hatte. Die hübsche Altbasler Sitte, eine unverheiratete Frau mit «Jumpfere Soundso» anzusprechen, war noch bis vor 100 Jahren üblich. Früher war es selbstverständlich, dass sich eine ledige Frau ganz in den Dienst der Familie stellte. Die unverheiratete Tochter hatte ihren verwitweten alten Vater zu pflegen oder die Mutterstelle an den Kindern einer verstorbenen Schwester zu vertreten. Meist tat sie ihren Dienst treu und in aller Stille. Manchmal war sie aber nicht befriedigt und ausgefüllt, was wohl dazu führte, dass sie hin und wieder mit spitzen Bemerkungen ihre Unzufriedenheit kundtat und so zur Figur der «alten Tante» beitrug.

Das Haus «Zum grossen Christoffel» am Imbergässlein, in welchem die erste mit Namen bekannte Hebamme Basels wohnte.

Die Ausübung eines Berufs kam für ledige Frauen kaum in Frage, trotzdem findet man immer wieder auch Frauen mit selbstständiger Lebensgestaltung. Zum Beispiel im Haus «Zum grossen Christoffel» (Nr. 31), das wir beim Hinaufsteigen antreffen (siehe Foto S. 39). Hoch oben an der Fassade entdeckt man einen schön gemalten Christophorus. Und in der oberen Hälfte der Haustüre befindet sich Basels kleinstes Museum: das «**Hoosesagg-Museum**». In diesem Haus wohnte bereits im 15. Jahrhundert eine Frau, die sich in ihrem Beruf bewährt und grosse Selbstständigkeit bewiesen hat. Sie ist Basels erste mit Namen bekannte **Hebamme** und hiess **Else Rychartin**. Else stand im Dienste der Stadt und erhielt regelmässig ihren Lohn, nämlich zehn Schilling. Ihre Pflichten waren genau geregelt im so genannten «Hebammeneid»: Sie hatte zu schwören, dass sie Tag und Nacht bereit sei zu helfen, Arm und Reich gleich zu behandeln und den Frauen beizustehen, «als gelte es ihr eigen Leben». Sie durfte auch nicht «durch harte Worte die Geburtsarbeit beschleunigen»! Bemerkenswert ist, dass sie auch einen Kaiserschnitt ausführen durfte bei einer toten Frau, um das Kindlein zu retten.
Es war kein leichter Beruf in Anbetracht der hohen Sterblichkeit bei der Geburt und der wenigen medizinischen Hilfsmittel. Man betete, man sprach aber auch Zauberformeln und behalf sich mit Kräutern und Amuletten, wie Geburtsgürteln und Edelsteinen. Da man davon ausging, dass Kräuterkunde und Zauberei miteinander verwandt seien, kam es immer wieder einmal vor, dass eine Hebamme in den Ruf kam, eine Hexe zu sein. Ärzte hatten damals nichts zu suchen am Bett einer Gebärenden, es war verboten und galt als unschicklich. Der erste Basler Mediziner, der sich nicht an dieses Verbot hielt, war der Stadtarzt Felix Platter im 16. Jahrhundert. Auch der Arzt **Johannes Fatio** (1649–1691) kümmerte sich nicht darum, wurde dafür aber von seinen Medizinerkollegen auch nicht zu ihresgleichen gezählt. Fatio schrieb übrigens ein Buch über die Geburtshilfe mit dem schönen Titel «Helvetisch-vernünftige Wehemutter» …
Wie sich ledige Frauen im Mittelalter durchzusetzen vermochten, dazu gibt es ein weiteres hübsches Beispiel vom folgenden Haus, der Nr. 33. Da wohnte – ebenfalls im 15. Jahrhundert – **Brigitta von Myssen**. Sie war die Tochter des Stadtarztes Conrad und brachte es fertig, nicht nur ihren Vater, sondern gleich die ganze Stadt Basel auf Trab zu halten! Zuerst verzweifelte der Vater, weil sie 1444 sein Haus hier am Imbergässlein verkaufte und mit dem Erlös spurlos verschwand. Der arme alte Mann hatte «weder zu byssen noch zu brechen», man erbarmte sich seiner und brachte ihn unentgeltlich im Spital unter. Dort starb er Mo-

nate später völlig verbittert. Kaum hatte Brigitta von seinem Ableben gehört, als sie schamlos dessen Erbe verlangte. Der Rat gab Bescheid, es sei nichts mehr vorhanden, was Brigitta aber nicht glauben wollte. Kurzerhand verklagte sie die ganze Stadt Basel beim königlichen Gerichtshof in Westfalen. Dort anerkannte man ihre Forderungen und wies die Stadt Basel an, der Klägerin rund 4000 Gulden zu bezahlen. Über 25 Jahre lang zog sich der Rechtsstreit hin, führte zur Entführung eines Basler Läufers sowie zur Belagerung eines Schlosses und wurde erst mit einem Handstreich der Basler auf Schloss Hochkönigsburg schlecht und recht beendet.[29]

Oben am Imbergässlein angekommen, befinden wir uns am **Nadelberg**. Direkt gegenüber steht das Haus Nr. 12, in welchem im Jahre 1630 ein Arzt wohnte, der auf Grund seiner Heirat einige konfessionelle Probleme heraufbeschwor. Stadtarzt und Professor Matthäus Harscher hatte sich im Elsass bei seinen Konsultationen auf Schloss Andlau in die Tochter des Schlossherrn verliebt, was nicht ohne Folgen blieb: **Veronika von Andlau** wurde schwanger. Der anständige Professor heiratete sie. Aber bei den strengen Traditionen der alteingesessenen Familie von Andlau musste die Heirat nach katholischem Ritus vollzogen werden. Frau Veronika bestand auch darauf, das Kind im alten Glauben zu erziehen. Damit begannen für die junge Familie die Probleme erst richtig. Im protestantischen Basel empfand man die katholische Heirat nämlich als grosses öffentliches Ärgernis. Man suspendierte kurzerhand den Professor und stellte die Bedingung, dass er erst wieder an der Universität unterrichten dürfe, wenn sich seine Frau zum wahren Glauben bekehrt habe! Trotz harter Streitschriften und Einmischung verschiedener eidgenössischer Städte konnte Harscher erst mit Hilfe einer Schrift der Genfer Geistlichkeit über Mischehen und mit Unterstützung von Johann Rudolf Wettstein wieder seiner Arbeit nachgehen. Allerdings musste er versprechen, alle erdenklichen Mittel anzuwenden, um seine Frau zum rechten Glauben zu bekehren. Wieweit ihm dies gelungen ist, wird nirgends festgehalten.

Vom Nadelberg zum Heuberg

Wir wenden uns nun nach links und spazieren bis zum prachtvollen **Rosshof** (Nr. 20), wo wir uns in den Hof begeben und die ansprechende Rückseite des stattlichen Gebäudes betrachten. Im grossen, gewölbten Keller dieses Hauses befindet sich auch ein Cliquenkeller (eine kleine Laterne über dem Portal deutet diskret darauf hin). Hier muss auf einem Frauenrundgang daran erinnert werden, dass die **Fasnacht**

ursprünglich den Frauen keine aktive Rolle zugedacht hatte. Das Trommeln und Pfeifen auf Piccolos und das Herumziehen war lange Zeit reine Männersache. Nur hin und wieder durfte eine Frau aushelfen, wenn bei den Pfeifern eine Stimme fehlte. Die Frauen waren trotzdem eingebunden ins Fasnachtsgeschehen, denn als Näherinnen der Kostüme waren sie begehrt – eine grosse, nicht zu unterschätzende, kunstvolle Arbeit, die viele Stunden, Tage und Nächte in Anspruch nahm. Auch Künstlerinnen zum Bemalen der Larven (Masken) wurden gerne gesehen und äusserst geschätzt. Die Emanzipation der Frauen kann man auch bei der Basler Fasnacht mitverfolgen: Wurden zuerst einzelne Pfeiferinnen als exotisch betrachtet, begann sich in den dreissiger Jahren des vergangenen Jahrhunderts die Geschlechterbarriere zu heben. Allerdings brauchte es auch hier einiges an Geduld und Durchsetzungsvermögen. Als 1938 zwei Mädchen am Preispfeifen teilnahmen, wurden nach einigen Grundsatzdiskussionen Mädchen für die künftigen Preispfeifen ausgeschlossen! Schon wenige Jahre später merkte man, dass dieses «einfältige Verbot wieder aufzuheben»[30] sei. Und 1948 marschierte an der Fasnacht die erste ausschliesslich aus Pfeiferinnen gebildete **Frauenclique**, mit dem sinnigen Namen «die Abverheite», mit.[31] Zwanzig Jahre später hatte sich das weibliche Element durchgesetzt und dominierte bei den Preispfeifen. Bei den Jungen Garden wurden Knaben und Mädchen gemeinsam ausgebildet, und viele Cliquen gründeten «Damensektionen» (oft mit dem Namen «Junte» oder «Harem»).
Wir verlassen den Hof durch das andere Portal (kleine Treppe linker Hand) und gelangen zur **Rosshofgasse**. Direkt gegenüber steht ein palastähnlicher Bau aus der Barockzeit, das Haus «Zur Platte». Besonders reizvoll ist der Blick in den Innenhof. Fast verwunschen wirken die mit Rebenlaub dicht bewachsenen Fenster und Lauben. Deshalb passt die nette Geschichte vom «Totenplünderli» gut hierher: Nach uraltem Herkommen pflegte nämlich früher jedes Ehepaar in Basel ein so genanntes «Totenplünderli» bereitzuhalten. Es gehörte mit zur Aussteuer. Das mit einem schwarzen Seidentuch zugeknöpfte Päcklein hatte einen besonderen Inhalt, denn wie der Name sagt, hatte es mit dem Tod zu tun: Ein Leichenhemd, eine Zipfelmütze und ein schön gesticktes Tuch befanden sich darin. Es war die letzte Kleidung, die man nach seinem Ableben brauchte. Natürlich versorgte man dieses unheimliche Paket, das einen so unerbittlich an die Ewigkeit erinnerte, möglichst in den hintersten Winkel des Wäscheschranks. Es ist aber immer wieder mal vorgekommen, dass eine Frau nach einem Streit das «Totenplünderli» schnell zuvorderst im Schrank platzierte, um sich einerseits am

Schrecken des Ehemannes zu weiden, aber andererseits auch auf die Nichtigkeit des Streites hinzuweisen.[32]
Nun interessiert uns als Nächstes das recht unscheinbar wirkende Haus Rosshofgasse Nr. 11, in dem im 15. Jahrhundert ein «Hurenwirt» wohnte. Mit Bewilligung der Obrigkeit führte dieser in der Nähe eine Reihe **Freudenhäuser** mit einer Anzahl «hübscher Frowen» darin, zum Vergnügen der Stadtbürger. Für die Bewilligung hatte der Wirt dem obersten Ratsknecht jeweils jährlich ein paar Hosen und einen Lebkuchen zu überreichen. Das Geschäft blühte, obwohl der Rat verfügt hatte, dass die Bordellwirte den Frauen nicht mehr als «den dritten Pfennig» abnehmen durften. Der Rat machte sich auch noch weitere Gedanken und bestimmte, dass «die üppigen Frowen nicht in die Stadt, sondern an die Enden ziehen sollen, da solich Frowen hingehören». So ergab es sich, dass auf der Lyss und in der Spalenvorstadt gleich mehrere Bordelle zum Besuch lockten. Nach der Reformation (1529) änderte sich die Lage, und es wurden harte Diskussionen darüber geführt, ob man derartige Häuser nicht besser auflösen solle. Der Chronist Wurstisen berichtet, Gott habe selber eingegriffen, denn die «Metzenwirtin» sei inzwischen erstochen und ein anderes Haus durch eine Feuersbrunst zerstört worden: «Gott selbst hat dasjenige wirken müssen, was der Obrigkeit geziemt hätte», meint Wurstisen dazu.[33] Trotzdem fand und findet man die «hübschen Frowen» weiterhin in der Stadt, und auch heute eher am Rande.
Wir spazieren weiter bis zum Petersgraben, wenden uns dann nach links, bis wir nach wenigen Schritten **Auf der Lyss** stehen bei der Einmündung des Spalenbergs. Hier stand im Mittelalter ein Stadttor, ein Ausgang der einstigen Stadtmauer, welche sich vom 11. Jahrhundert an hier entlang erstreckte. Die Strassennamen verdeutlichen das Bild: Der Petersgraben erinnert an den Stadtgraben, die Spalenvorstadt wiederum daran, dass diese Häuser einst vor der Stadt standen. Nach dem Erdbeben von Basel im Jahre 1356 erweiterte man den Stadtbezirk, indem man die neue Stadtmauer weiter nach aussen setzte, um die Häuser miteinzuschliessen, die im Laufe der Zeit an den Ausfallstrassen entstanden waren. Das Spalentor, den Stadtausgang der neuen Mauer, findet man am Ende der Spalenvorstadt.
Nicht nur zahlreiche Freudenhäuser waren hier zu verzeichnen, sondern auch eines der vier Frauenklöster von Basel, das **Kloster Gnadental**. Es stand an der Stelle, wo heute das mächtige, rote Sandsteingebäude dominierend die Ecke Petersgraben/Auf der Lyss beherrscht. Die Nonnen vom Gnadental lebten nach den Regeln der Clarissinnen. Als kostbaren Schatz bewahrten sie in ihren Mauern den

Schleier der heiligen **Chrischona**, der von vielen Leuten aufgesucht wurde, half er doch bei Zahnweh! In der Schreibstube des Klosters wurde fleissig gearbeitet. Ein besonders wertvolles Manuskript mit reizenden Miniaturen über das Leben des Apostels Johannes ist erhalten geblieben. Die Malerin ist leider nicht bekannt. Deutlich kann man jedoch bei den verschiedenen Bildern sehen, dass der Nonne nur die Mitschwestern als Modell zur Verfügung standen, denn alle männlichen Gestalten der Miniaturen erscheinen sehr zart, sie sehen aus wie Mädchen, denen man Bärte angeklebt hat. Betrachten kann man dieses Manuskript heute in der Universitätsbibliothek, es wird in die Zeit vor 1447 datiert.
Wir stehen an der Stelle, wo das einstige Stadttor – nach der Erweiterung der Stadt als **Spalenschwibbogen** bezeichnet – einen markanten Abschluss bildete. Als es seiner ursprünglichen Funktion enthoben war, benutzte man das Tor als Gefängnis, bis es 1838 abgebrochen wurde. Neben der Wohnung des Gefängniswächters gab es Platz für sechs «Gefangenschaften», wobei eine Zelle als «Hexenkäfig» und eine andere als «Hurenkämmerlein» bezeichnet wurde. Zu den Gefangenen gehörte im 18. Jahrhundert auch eine werdende Mutter, die mehrere Monate Haft im Spalenturm absitzen musste. Sie war als Diebin verurteilt worden. Nachdem das Kind zur Welt gekommen war, musste sie zudem noch in der Leonhardskirche öffentliche Kirchenbusse leisten. Das bedeutete, dass sie mit einem «Lasterstecken» in der Hand während des Morgengottesdienstes auf einem Bänklein vor dem Taufstein zu sitzen hatte, den spöttischen Blicken der Gottesdienstbesucher ausgesetzt. Das Kindlein brachte man ihr jeweils ins Gefängnis, wo es die Frau nach diesen Erfahrungen «in höchster Erbitterung mit zorniger Muttermilch stillte».[34]
Schwer nachvollziehbare Rechtsprechung findet man in allen Jahrhunderten. Ein Beispiel dafür liefert die Malerei des Nischenbrunnens beim Haus **Spalenberg** Nr. 65: Der Maler Numa Donzé erzählt in seinem dreiteiligen Wandbild (1919) die Geschichte vom Tanz der **Salome**, die als Belohnung für den einmalig schönen Auftritt die Enthauptung Johannes des Täufers gefordert hatte. Dieser hatte es nämlich gewagt, die Mutter der Salome des Ehebruchs zu bezichtigen, weil sie ihren Mann verlassen hatte, um den reichen König zu heiraten. Auf der linken Wandseite ist der schauerliche Höhepunkt festgehalten, wo Salome das abgeschlagene Haupt des Johannes in Empfang nimmt.

Vom Heuberg zum Kohlenberg

Unser Weg führt weiter zum Haus mit dem viel versprechenden Namen «Zum Paradies» am **Heuberg** Nr. 6. Nachdem wir so viel von den «hübschen Frowen» gehört haben, erstaunt es nicht, dass ein Verein zur Hebung der Sittlichkeit ins Leben gerufen wurde, der sich zum Ziel gesetzt hatte, der Verwahrlosung und Ausnützung hilfloser Frauen entgegenzuwirken. 1901 wurde **Lily Zellweger-Steiger** (1862–1914) Präsidentin dieses Vereins, der sich fortan **Basler Frauenverein** nannte. Sie kämpfte unermüdlich für die sozial Schwächeren, förderte die Jugendfürsorge und setzte sich unter anderem auch dafür ein, dass den Familien Pflanzgärten zur Verfügung gestellt wurden. Unter ihrer tatkräftigen Leitung eröffnete man bereits damals einen Zufluchtsort für Frauen! Die ersten Gäste waren zwischen 14 und 64 Jahre alt. Lily Zellweger schrieb darüber: «Es ist schwer ein Bild davon zu geben. Die Insassen sind so wechselnd ... zu gesund fürs Spital, zu wenig gestört für das Irrenhaus, zu wenig schlecht für das Gefängnis.» Alle fanden Aufnahme, auch junge, arme Frauen, die nach der Geburt ihres Kindleins alleine auf der Strasse standen, oder Kleinkinder, deren Mutter todkrank im Spital weilte. Heute ist aus dem Frauenverein ein grosses

Meret Oppenheim (links) und Irène Zurkinden in Paris 1932.

Werk entstanden, das sich in der Jugendfürsorge engagiert und Tagesheime, Kinderkrippen, Pflegeheime und vieles mehr führt. Lily Zellweger starb schon mit 52 Jahren an einem Schlaganfall. Ihre letzten Worte lauteten: «Vorwärts, vorwärts, vorwärts.»[35]
Zwei Häuser weiter, im Haus Nr. 10, treffen wir auf die Spur einer in Basel überaus geschätzten Künstlerin: **Irène Zurkinden** (1909–1987). Sie hatte hier einige Zeit ihr Atelier. Auch an anderen Orten der Stadt hielt sie sich auf, wechselte sie doch immer wieder ihren Wohnsitz, da sie zwischen Basel und Paris hin- und herpendelte. Von Paris meinte sie: «Da ist die ganze Stadt mein Atelier.». Schon mit neunzehn Jahren war sie zum ersten Mal in die faszinierende Weltstadt gezogen. Drei Jahre später folgte ihr die ebenfalls blutjunge Meret Oppenheim nach (siehe Foto S. 45). Aber immer wieder fand Irène Zurkinden den Weg nach Basel zurück. Sie brachte es übrigens mit dem Verkauf ihrer Bilder fertig, ihre ganze Familie (Mann und Kind) zu ernähren, und das zu einer Zeit, wo man sich als Frau und Künstlerin noch ganz besonders bewähren musste.
Im nächsten Haus, «Zum obern Aarau» (Nr. 12), dessen ausgewogene, mit Efeu bewachsene Fassade besonders hervorsticht, wohnte eine andere Frau, die ihrer Zeit voraus war: **Iris von Roten** (1917–1990). «Eine Frau kommt zu früh» heisst denn auch der Titel des Buches, das ihr Leben beschreibt.[36] Iris von Roten kämpfte ihr ganzes Leben lang für die Gleichberechtigung. Mit ihrem Buch «Frauen im Laufgitter», das 1958 erschien, wurde sie berühmt, aber auch mitleidig belächelt und verspottet. Dabei hatte sie damit nur genauestens die Lage der Frauen und ihre fehlende Gleichstellung in den verschiedenen Lebensbereichen analysiert. Als Doktorin der Rechte hatte sie mit geschultem Blick die Ungerechtigkeiten in der Berufswelt erkannt und festgehalten, aber auch in anderen Gebieten, bei den sexuellen Fragen zum Beispiel, die man bis dahin tunlichst nicht zur Kenntnis genommen hatte. «Ich wollte ein Fenster aufstossen, frische Luft sollte das dumpfe Gelass füllen, in welches die Männerherrschaft die Frauen pferchte», schrieb sie später darüber. 1990 ist sie freiwillig aus dem Leben geschieden. Die Neuauflage ihres Buches erlebte sie nicht mehr und auch nicht, dass 1994 eine Briefmarke mit ihrem Porträt herausgegeben wurde.
Wir schlendern weiter, entlang der Häuserzeile, die zu Basels schönster Altstadtpartie zählt, und gelangen zum idyllischen **Gemsberg** mit dem grossen Brunnen und den mit vielen Blumen geschmückten reizenden gotischen Bürgerhäusern im Hintergrund. Die hübsche Gämse auf dem Brunnstock ist eine Arbeit aus dem 19. Jahrhundert von Bildhauer Rudolf Meili. Seine Frau **Katharina Meili-Riggenbach** hat als

«schöne Schweizerin» Furore gemacht. Längere Zeit wohnte das Paar nämlich in München, wo der leutselige König Ludwig von Bayern auf den jungen Künstler Meili aufmerksam geworden war. Eines Tages erschien er in dessen Atelier und bewunderte unter anderem eine Venus-Statue. Natürlich wollte er wissen, wer dazu Modell gestanden habe. Meili erklärte stolz, dass das seine Frau gewesen sei. Der König begehrte diese sogleich zu sehen. Ihr Anblick scheint ihn befriedigt zu haben, denn er rief begeistert aus: «Das also ist jetzt die schöne Schweizerin!»[37]

Weniger hübsch war das «**Fotzeldorli**», ein Stadtoriginal, das vor rund hundert Jahren am kleinen Gässlein gewohnt hat, das vom **Unteren Heuberg** mit einem efeuumrankten Torbogen mit vielen Stufen steil nach unten führt: das **Trillengässlein**. Es hat seinen Namen von einem Drehkreuz («Drylli»), das hier gestanden hat, um die Tiere vom Heuberg daran zu hindern, ins Tal hinunter zu gelangen. In diesem schattigen Gässchen wohnte das «Fotzeldorli», ein bedauernswertes, altes, krummes Weiblein, das gerade noch zwei Zähne im Unterkiefer hatte, sodass man bei seinem Anblick unwillkürlich an eine Hexe denken musste. Es ging nur in Lumpen gehüllt umher und bettelte bei den Nachbarn um den alten Kaffeesatz, um ihn nochmals aufbrühen zu können. Man kannte das «Fotzeldorli» in der ganzen Stadt, noch bekannter wurde es aber, nachdem es gestorben war. Da entdeckte man in seinem Strohsack nämlich ein ganzes Vermögen, das es sich im Laufe der Jahre zusammengespart hatte!

Während man dem Unteren Heuberg entlang spaziert, freut man sich an den schönen Türen, am Rebenlaub und den Glyzinien, die emporwachsen, und es umfängt einen eine fast ländliche Stille. Nicht immer konnten allerdings die Anwohner diese Ruhe geniessen, wird doch berichtet, dass hier ein Fräulein Brühl eine Kleinkinderschule geführt habe. Die Nachbarn meinten, diese Erzieherin hätte ihrem Namen alle Ehre gemacht …

Die Gasse mündet wieder in den Oberen Heuberg, wir wenden uns nach links und gelangen zum malerischen Fachwerkhaus «Zum Engelköpflein» (Nr. 50). Ein kleines, entzückendes Engelköpfchen ist im Türsturz des Hauses zu entdecken. Neben der Türe steht eine Feierabendbank aus rotem Sandstein, auf die Sie sich gerne setzen dürfen. Jeden Abend pflegte man sich auf den Bänklein vor den Haustüren aufzuhalten, um mit den Vorübergehenden zu plaudern und Neuigkeiten auszutauschen. Es gab damals ja noch kein Radio, geschweige denn Fernsehen. Hin und wieder sorgte jemand gleich noch für einen spannenden Tratsch: Berühmt ist die Geschichte der **Sibylle Ochs-Faesch**, die es in jungen Jahren gewagt hatte, mit einem Negligé auf dem Feierabendbänklein in der Freien Strasse zu sitzen. Wegen ihres neumodischen Aufzugs wurde sie prompt zu einer Busse von fünf Pfund verurteilt. Das spielte sich im Jahre 1744 ab. Damals war ein Negligé keineswegs das intime Kleidungsstück, das wir heute darunter verstehen. Es war vielmehr eine bequeme Kleidung, die in Frankreich als Hauskleidung neben dem damals modischen, aber unbequemen Reifrock getragen wurde. Die Baslerinnen mieden aber von jeher nach Möglichkeit alles Auffallende. Auch der Reifrock war verpönt, besonders in pietistischen Kreisen. Von einer Frau Mechel wird berichtet, wie sie ihren Reifrock nach einer Predigt kurz entschlossen in den Ofen geworfen – die Reifen aus Holz brannten gut und knackten in der Hitze – und dabei ausgerufen habe: «Krach nur, es ist besser du krachst hier, als ich in der Hölle.»[38]

Man hielt sich in gut baslerischer Tradition lieber an das Hergebrachte und kleidete sich eher altmodisch als nach dem letzten Modeschrei. Aber ausgerechnet **Susette Spittler**, die Adoptivtochter des Pietisten Christian Friedrich Spittler, wagte es trotzdem, mit einem modernen «Rotonde», einem von Kaiserin Eugénie erfundenen Regenmantel, in Basel spazieren zu gehen. Sofort wurde sie zur Rede gestellt. Ihre Antwort war kurz und klar: «Wenn Moden praktisch sind, mache ich sie mit!» Nicht immer hatte man mit dieser Überzeugung Erfolg, 1536 jedenfalls nutzte das Argument wenig: Damals wurde eine Frau ertränkt, weil sie in Männerkleidung umhergegangen war …[39]

Die Rechtsprechung im alten Basel soll uns gleich noch weiter beschäftigen. Wir machen dazu einen Abstecher zum **Leonhardsgraben** (nach rechts um das Engelköpfchen-Haus herumgehen). Der Blick fällt über den Graben und das Tramgeleise hinüber zum **Kohlenberg**, wo einst der Henker zu Hause war. Auf dem Kohlenberg wohnten auch alle anderen «unehrlichen» Leute: die Totengräber, Kloakenreiniger und Dirnen. Auch die Fahrenden, Spielleute und Bettler schickte man dorthin. Letztere durften aber nur drei Tage verweilen und mussten dann wieder weiterziehen.

Unheimlich und von Geheimnissen umgeben erschien das Amt des Scharfrichters. Ausser den schrecklichen Hinrichtungen durch Enthaupten oder Hängen hatte er noch eine Reihe weiterer Todesstrafen vorzunehmen: Rädern, Vierteilen, Verbrennen, Ertränken und lebendig Begraben. Die Hinrichtungen wurden öffentlich vollzogen, Männer, Frauen und Kinder(!) drängten sich jeweils zu diesen «Schauspielen». Das war in Basel immerhin drei bis vier Mal jährlich der Fall. Niemand durfte dem Henker die Hand reichen. Einer Henkerstochter blieb nichts anderes übrig, als wiederum einen Henker zu heiraten, andere Männer standen für sie nicht zur Wahl. Zu den Personen, mit denen sich der Henker befassen musste, gehörten auch **Hexen**, obwohl man in Basel etwas gemässigter vorging als an anderen Orten. Die Frauen (sehr selten auch einmal ein Mann), die als Hexen verschrien wurden, hatten vor ihrer Verurteilung grässliche Folterungen über sich ergehen zu lassen. Man wollte damit das Geständnis herauspressen, dass sie mit dem Teufel im Bunde seien, um ein Todesurteil zu rechtfertigen. Zu den Verhaftungen führten oft eigenartige Anschuldigungen: Zum Beispiel wurde **Anna Wehrlin** aus der Spalenvorstadt angeklagt, sie sei eine Hexe, denn sie habe «vermittelst einer Suppen einem Wirt die Mannlichkeit genommen».[40] Da bei der Untersuchung der Wirt unterdessen bereits gestorben war, liess man Anna Wehrlin ausnahmsweise laufen.

Vom Kohlenberg zum Steinenberg

Wir verlassen das unheimliche Thema, kehren wieder um und spazieren zum schattigen Leonhardskirchplatz und zur **Leonhardskirche**, um uns mit Frauen und Theologie auseinander zu setzen. Die Kirchgemeinde St. Leonhard stellte 1942 als erste Kirchgemeinde von Basel eine Theologin ein. **Anna Hartmann** durfte aber weder das Abendmahl austeilen noch Jugendliche konfirmieren, sie war nur als Pfarrhelferin angestellt. Erst 1956 führte man in Basel die uneingeschränkte Wählbarkeit von Frauen ins Pfarramt ein.[41] Noch eine weitere Theologin muss im Zusammenhang mit der Leonhardskirche erwähnt werden: **Marie Speiser** (1901–1986). Sie war nicht nur eine der beiden ersten Theologiestudentinnen an der Universität Basel, sondern auch die erste Frau, die in der Schweiz ein selbstständiges Pfarramt ausübte. An der Leonhardskirche verbrachte sie ihre Vikariatszeit. Ende 1933 wurde sie als Pfarrhelferin ins solothurnische Zuchwil gewählt. Sie predigte dort in einer Turnhalle, bis die Diasporagemeinde neun Jahre später eine eigene Kirche bauen konnte. Gleichzeitig wurden Marie Speiser nun vom Berner Synodalrat die vollen pfarramtlichen Kompetenzen übertragen! 24 Jahre blieb sie Pfarrerin in Zuchwil. Die Gemeinde hatte sie voll akzeptiert, und man freute sich jedesmal, wenn sie mit ihrem Auto, einem kleinen Topolino, durch die Strassen fuhr. Allerdings: Der Entschluss, ein Pfarramt zu übernehmen, bedeutete damals, dass sich Marie Speiser damit gegen Ehe und eigene Kinder entschieden hatte.[42]

Wir schlendern nun wieder zum «Engelköpflein» zurück und wandern den **Leonhardsstapfelberg** hinunter. Am Fusse des Leonhardsberges dürfen beim Haus Nr. 1 die **Beginen** nicht unerwähnt bleiben. Über

zwanzig Beginenhäuser gab es in Basel, sie waren jeweils mit einem Kreuz an der Türe gekennzeichnet. Die religiöse Bewegung der Beginen entstand im 12. und 13. Jahrhundert. Diese Frauen wollten in Armut leben und sozial tätig sein, aber nicht wie Nonnen hinter hohen Mauern von Klosterbezirken. Im Gegenteil, die Beginen mischten sich unters Volk. Sie trugen ein sackartiges Kleid in beiger Farbe, daher kommt vermutlich der Name Begine. In Basel nannte man sie auch «Kabisköpfe», wahrscheinlich wegen des Schleiers über dem Kopf, der durch seine Farbe den Vergleich aufdrängte. Die Beginen hatten ihre religiösen Anliegen klar formuliert (sie lebten zum Beispiel keusch, kein Mann durfte das Haus betreten), legten aber kein Gelübde ab und konnten, im Gegensatz zu Nonnen, jederzeit aus der Gemeinschaft wieder austreten. Es waren sehr selbstständige Frauen, sie verdienten sich ihren Lebensunterhalt mit verschiedenen Arbeiten wie Krankenpflege, Nähen und Weben, aber auch als Mägde und Krämerinnen. Sehr oft betätigten sich die Beginen im Bestattungswesen, einer Arbeit, die niemand besonders gerne machte und mit der sie einen Liebesdienst ausüben konnten. Durch ihre grosse Selbstständigkeit und Unabhängigkeit waren die Beginen schlecht zu kontrollieren, weder der Kirche noch den Zünften gelang dies. Deshalb wurde das Beginenwesen 1411 verboten, die Häuser dieser Frauen geräumt und alle Beginen aus der Stadt vertrieben.
Nach wenigen Schritten stehen wir nun am **Barfüsserplatz**, überqueren vorsichtig das Tramgeleise und treffen auf einen Brunnen mit einer Figurengruppe aus dem 16. Jahrhundert: Samson und Dalila. Weibermacht und Weiberlist, ein beliebtes Thema jener Zeit, sind hier dargestellt: **Dalila** schneidet Samson die prachtvollen Haare ab (siehe Foto S. 51), damit er seine geheimnisvolle Kraft und Stärke verliert, während er nichts ahnend mit offenem Munde schläft. In einem Kleid mit wunderschönen Puffärmeln ist Dalila überaus feinfühlig dargestellt – auch ihr maliziöses Lächeln spricht Bände …
Mit Weibermacht und Weiberregiment mussten sich die Basler hin und wieder auseinander setzen. Am bekanntesten ist die Geschichte der **Salome Burckhardt-Schönauer**, die mit Hilfe von Geschenken all ihre Söhne und Verwandten in Amt und Würde gebracht hatte. Nun war ein solches Gebaren am Ende des 17. Jahrhunderts durchaus üblich (und nicht nur damals), aber die Dame aus bestem Hause musste als Sündenbock herhalten, nachdem immer mehr Widerstand gegen diese Art von Ämterkauf laut geworden war. Salome Burckhardt wurde 1691 offiziell zu einer hohen Geldbusse verurteilt und erhielt ein striktes Ausgehverbot für vier Jahre! Diese Demütigung hat ihr so zugesetzt, dass sie einige Monate später starb.[43]

Der «Samson und Dalila»-Brunnen am Barfüsserplatz (16. Jh.).

Wenn Sie das Thema der Weibermacht und Weiberlist weiterverfolgen wollen, können Sie einen Besuch in der **Barfüsserkirche** machen. In der ehemaligen Klosterkirche der Franziskaner ist seit 120 Jahren das **Historische Museum** untergebracht. Sie finden darin unter vielen Kostbarkeiten auch das Original der Brunnenskulptur von Samson und Dalila. Aber auch noch weitere Beispiele sind erwähnenswert: Kurz vor der Reformation musste man hier in der Klosterkirche bereits eine Frau akzeptieren. Der Prediger hatte nämlich dem Zölibat zum Trotz geheiratet. Man nannte seine Frau spöttisch das «**Barfüsserweiblein**».
Zu den besonderen Kostbarkeiten des Museums gehören auch rund zwanzig Wirkteppiche aus dem 15. und frühen 16. Jahrhundert. Auf einer der Tapisserien finden wir wiederum die Weiberlist und Weibermacht dargestellt, ein vor allem in gelehrten Kreisen beliebtes Thema: Da reitet die eitle **Phyllis** auf dem Philosophen Aristoteles! Es wird vermutet, dass dieser Wirkteppich aus dem Nachlass des Erasmus von Rotterdam stammt. Strassburg und Basel zählten in jenen Jahren zu den Zentren der Herstellung von Tapisserien, in Basel auch «Heidnischwerk» genannt. Dieses Handwerk war vor allem Frauenarbeit, dafür findet man zahlreiche Belege. Einige Wirkerinnen standen im Dienste wohlhabender Familien, andere hingegen waren Selbstständigerwerbende. Die Heidnischwerkerin **Elsa in der Weissengass** zum Beispiel, besass eine eigene Werkstatt und bezahlte dafür auch Steuern. Sie wird bereits 1454 im Steuerverzeichnis aufgeführt.
Diese Weisse Gasse zweigt in der Nähe des Dalila-Brunnens linker Hand ab, zeigt aber leider keinerlei mittelalterliches Gepräge mehr, sodass wir sie nicht aufsuchen. Wir gehen vielmehr an der Barfüsserkirche rechts entlang, gelangen zu einer Unterführung und steigen dort die Treppe hoch. Nun stehen wir beim spielerisch spritzenden Brunnen von Jean Tinguely am **Steinenberg**.
An dieser Stelle erstreckte sich einst das erste Frauenkloster der Stadt, das **Steinenkloster**. Es wurde 1225 erbaut und war der heiligen **Maria Magdalena** geweiht. Damals sah es allerdings recht anders aus hier: Dominant wirkte die Stadtmauer aus der Zeit um 1100, die den ganzen Steinenberg entlang zum Barfüsserplatz hinunter führte (einen bescheidenen Rest davon konnten Sie bei der Unterführung bemerken). Das Kloster wurde ausserhalb dieser Stadtmauer angesiedelt. Erst nach dem Erdbeben (1356) kam es dann in den Schutz des weiter nach aussen versetzten Mauerrings. Das Klosterareal hatte eine ansehnliche Ausdehnung, ausser der Klausur mit Kirche und Kreuzgang gab es einen Laienbezirk mit einer Mühle und verschiedenen Häusern und Wohnungen.

Ein kleines, bescheidenes Häuschen gehörte ebenfalls dazu, in welchem im 15. Jahrhundert eine bedeutende Frau und Stifterin jahrelang gewohnt hat: **Sophie Zibol-von Rotberg**. Sie war die Schwester des damaligen Bischofs Arnold von Rotberg, verheiratete sich mit dem sehr wohlhabenden Burkhard Zibol und hatte mit ihm zusammen drei Kinder. Die Familie wohnte am Rheinsprung in einem grossen Haus. Nach wenigen Ehejahren verlor Sophie Zibol nicht nur ihren Gatten, sondern es starben auch alle ihre Kinder. So stand sie als reiche, junge Witwe alleine da. Der grosse Verlust liess sie auf alles verzichten: Sie verkaufte ihr Haus am Rheinsprung an den Rat der Stadt, der darin die neu gegründete Universität unterbrachte (1460), und zog sich zum Steinenkloster zurück. In einem «elenden kleinen» Häuschen vor der Klosterpforte lebte sie fortan als Pfründerin. Hoch verehrt, ja fast als Heilige betrachtet, verbrachte sie hier ihr schlichtes Leben. Dabei besass sie nach dem Steuerregister das zweitgrösste Privatvermögen der Stadt! Sie setzte es immer wieder gezielt für Stiftungen ein, für die Erneuerung der Glasfenster der Klosterkirche, das Kirchendach und das Chorgestühl, für Gesangbücher, verschiedene Altarbilder und Gemälde und sogar für eine Badestube im Kloster. Sophie Zibol starb 1487, nachdem sie jahrelang gelähmt ans Bett gefesselt gewesen war.
In den folgenden Jahrhunderten, vor allem mit der Auflösung des Klosters nach der Reformation, veränderte sich der Steinenberg immer mehr. Die Stadtmauer verfiel langsam oder wurde durch neuere Bauten ersetzt. Im 19. Jahrhundert dienten noch einige letzte Mauerzinnen den Anwohnern zum Trocknen der Wäsche, und im ehemaligen Stadtgraben pflanzte man in kleinen Schrebergärtchen Gemüse und Blumen an. Eine reizende Schilderung findet man darüber bei **Maria Ursula Wölfflin**, einer Fabrikarbeitertochter, die sich in ihrem Tagebuch schriftstellerisch betätigte. Sie hütete ihre Arbeiten ängstlich, erst nach ihrem Tode (1838) wurden diese in einer Wochenzeitschrift veröffentlicht. Vom Steinenberg und den Gärtchen im Stadtgraben liest man da: «Abends ging ich mit der Arbeit ins Gärtlein … Als ich auf der Bank bei der Himbeerstaude sass, sah ich, wie die Trauben an der Mauer schon so prächtig werden, Reseda duftete um mich, und eine Grasmücke sang in den Ästen des Tierleinbaums … Dann blickte ich zufällig hinüber nach dem Storchennest auf der alten Kirche; aber sie sind fortgezogen, schon vor ein paar Tagen. Ich weiss nicht, warum ich so traurig wurde; es kam mir vor, als ob ich die Störche beneidete, dass sie so einfach wegziehen können, wenn die trüben Tage kommen. Das können *wir* nicht …»[44]
Bald musste diese Idylle der neuen Zeit weichen. Schon der Bau der **Elisabethenkirche** (1856–1864) veränderte den Anblick entscheidend.

Die Kirche wirkt auch heute noch dominierend, trotz des modernen Stadttheaters daneben, sodass viele Fremde sie für das Münster halten und fleissig fotografieren. Die grosse Elisabethenkirche, der erste Kirchenbau nach der Reformation, wurde von einem Ehepaar gestiftet: es sind die in Basel hochverehrten **Margaretha und Christoph Merian-Burckhardt**. Das Paar liegt in der Krypta der Kirche begraben.
Acht Jahre nach dem Kirchenbau war die **Kunsthalle** fertig erstellt, die man am Steinenberg gleich neben dem Brunnen findet. Hier erfreuen seither viele spannende Ausstellungen von Künstlerinnen und Künstlern der Gegenwart das interessierte Publikum. In diesem Zusammenhang soll zum Schluss nochmals von einer bedeutenden Stifterin die Rede sein: von **Maja Sacher-Hoffmann** (1896–1989). Maja Stehlin, wie sie mit ledigem Namen hiess, hatte den Wunsch, Architektin zu werden, aber Anfang des 20. Jahrhunderts gab es praktisch keine Ausbildungsplätze für Frauen in diesem Beruf. So liess sie sich als Bildhauerin ausbilden, was damals auch nicht als üblicher Frauenberuf galt. Bald heiratete sie Emanuel Hoffmann. Das Ehepaar kaufte in den folgenden Jahren mit unglaublichem Sinn für das Gültige zeitgenössische Kunst, zuerst in Paris und Brüssel, später dann von Basel aus. Werke von Mondrian, Klee, Chagall, Max Ernst, Braque und so fort warteten damals noch der Entdeckung durch breite Kreise. Als Präsident des Kunstvereins gestaltete Emanuel Hoffmann auch Ausstellungen in der Kunsthalle. Leider nur kurze Zeit, denn er verunglückte tödlich. In zweiter Ehe war Maja Hoffmann dann mit Paul Sacher verheiratet, der in Basel als grosser Musikmäzen unvergessen bleibt. Sie hingegen hatte sich ganz der bildenden Kunst verschrieben.[45] Die Bilder der **Emanuel Hoffmann Stiftung**, die Maja Sacher zur Erinnerung an ihren ersten Mann ins Leben gerufen hat, kann man heute im **Museum für Gegenwartskunst** betrachten, welches sie ebenfalls gestiftet hat. Auch das Kunstmuseum erhielt von Maja Sacher viel Unterstützung, Rat, aber auch Kunstwerke geschenkt. Schliesslich beschloss die Regierung der Stadt, einen Platz nach der grossherzigen Stifterin zu benennen: Der **Maja Sacher-Platz** befindet sich gleich beim Museum für Gegenwartskunst. Zu den vielen Künstlern hatte Maja Sacher stets eine freundschaftliche Beziehung aufgebaut, nicht zuletzt auch zu Jean Tinguely, dessen verspielter Brunnen von allen Leuten heiss geliebt und lächelnd betrachtet wird.

Kinderrundgang I

Kinder vom Mittelalter bis zum 19. Jahrhundert

«Kleine Kinder sind nur Geschrei und Gestank, Mühe und Sorge ...»[46], heisst es in einem Bericht aus dem Mittelalter. Dieser Satz, das verwundert nicht, wurde von einem Mann geschrieben. Schriftliche Quellen aus dem Mittelalter stammen fast ausnahmslos von Männern, sodass leicht der Eindruck entstehen kann, Kinder seien früher nur als Last empfunden und wenig beachtet worden. In allen Schichten der Gesellschaft waren es jedoch die Frauen, die die kleinen Kinder aufzogen. Neben dem Geschrei, den Mühen und den Sorgen erlebten diese Frauen wohl die gleichen glücklichen Momente beim ersten Lächeln, dem ersten Schritt und bei all den Freuden, die auch heute eine Mutter mit einem Kleinkind hat.

Rund ums Münster

Darstellungen von Kindern im und am **Münster** findet man nur ganz wenige, wenn man vom **Jesuskind** absieht. An der Fassade thront es zusammen mit der Mutter Maria hoch oben am Dreieckgiebel zwischen den beiden Türmen. Der Maria und dem Jesuskind untergeordnet finden wir alle anderen Statuen: Kaiser, Kaiserin, Könige und Ritter. Heute betrachtet man die verschiedenen Figuren vor allem aus kunsthistorischem Interesse, während die Leute im Mittelalter hier die biblischen Aussagen und die gesellschaftliche Ordnung bestätigt fanden.
Die Kinder – ob im Mittelalter oder in heutiger Zeit – bestaunen mit besonderer Hingabe den steinernen **Ritter Georg**, wie er hoch zu Ross gegen den Drachen kämpft. Die Faszination der Pferde und des Rittertums hat bis heute nicht nachgelassen. Jedes Kind stellt sich mit Begeisterung die Turniere vor, die auf dem Münsterplatz abgehalten wurden, und sieht sich selbst mit Schild, Lanze und Helm in kühnem Kampfe den Gegner besiegen.
Die Turniere gehörten zum Sport der herrschenden Schicht. Dafür übte man von klein auf. Knaben aus adeligen Familien konnten meist schon mit sieben Jahren reiten. In diesem Alter wurden sie dann von der Familie getrennt und an den Hof eines Verwandten gebracht zur weiteren Erziehung. Wohl ein harter Wechsel für die kleinen Knaben! Bis dahin waren sie von der Mutter, der Amme und dem Kinderfräulein grossgezogen worden. Nun erhielten sie in der Fremde als Pagen Unterricht in allen Dingen des Rittertums. Die ernsthafte Ausbildung zum Waffen-

dienst erfolgte dann mit zwölf Jahren. Nun mussten die Knaben das Fechten, Bogenschiessen und Ringen lernen, vor allem aber übten sie das bewaffnete Reiten. Mit fünfzehn Jahren schlossen sie die Ausbildung ab. Von da an galten sie als Erwachsene, wurden zuerst Knappen und bald darauf Ritter. Sie konnten nun Turniere bestreiten, mussten aber auch an Schlachten teilnehmen.
In Basel wurde das Reiten gegen Ende des Mittelalters schliesslich für breitere Schichten zugänglich und war sehr beliebt. Auf dem Münsterplatz wurden damals sogar Pferde dressiert und zugeritten! 1651 setzte leider ein Verbot den Pferdedressuren auf dem Platz ein Ende – es wäre heute wohl eine grosse Touristenattraktion …
Lange Zeit diente das Pferd auch als Verkehrsmittel. Nicht nur mit Kutschen wurde gereist, die Basler Kaufleute ritten auch oft zu Pferde zu den Messen nach Frankfurt oder Lyon. Die Verkehrsvorschriften waren recht streng: In der Stadt durfte man höchstens zweispännig fahren und (bis 1805) nicht anders als im Schritt. Nach 23 Uhr herrschte absolutes Fahrverbot![47] Dann blickte der steinerne Ritter Georg von seinem Pferd auf einen einsamen, dunklen und stillen Platz.
Stille empfängt einen auch **im Innern des Münsters**. Der mächtige Bau lässt jeden Besucher automatisch leiser werden. Der Eindruck, den der riesige, hohe Raum auf die Kinder früherer Jahrhunderte gemacht hat, war gewaltig. Sie kannten ja nichts anderes als die kleinen, niedrigen Wohn- und Schlafstuben! **Carl Spitteler** (1845–1924) schildert dieses Erlebnis aus seiner Kinderzeit beim Besuch in der wesentlich kleineren Stadtkirche von Liestal mit folgenden köstlichen Worten: «In der Kirche befiel mich zunächst ein gewaltiges Staunen über den ungeheuer grossen, hohen, leeren Raum, der weder einem Wohnzimmer, noch einer Wirtsstube glich, am ehesten noch dem Brauhause des Götti, aber auch das eigentlich nicht recht, denn im Brauhause war es finster und hier war es hell, im Brauhause standen Kessel und hier Bänke. Wie sich meine Augen dann allmählich eingewöhnt hatten, erblickte ich plötzlich etwas Entzückendes: prachtvolle Fenster, hoch und schmal, mit märchenhaft schönen farbigen Scheiben darin. An diesen Fenstern blieb mein Blick bewundernd hangen. Wenn ich nicht Agathe neben mir gespürt hätte und nicht gewusst hätte, dass draussen vor der Tür das Städtchen Liestal warte, so hätte ich gemeint, ich wäre im Himmel.»[48]
Im Mittelalter gab es im Münster viel zu betrachten und zu bestaunen: Über vierzig Altäre mit Kerzen, Statuen und Altarbildern füllten damals den Raum, bunt gemalte Bilder aus dem Marienleben zogen sich über das ganze Gewölbe, und der Blick zwischen dem Lettner hindurch ins

Allerheiligste im Chor vermittelte etwas wunderbar Geheimnisvolles. Nach der Reformation (1529) ging es wesentlich schlichter zu: Der feierliche Einzug von Bischof, Domherren, Priestern und Kaplänen zu Beginn der Messe fiel weg, auch die Altäre und Malereien waren verschwunden. Man sass jetzt still und sittsam in Bänken und hörte sich die Predigt an. Vielleicht legten die Frauen auch, wie es die Baselbieterinnen taten, ein Zweiglein des Ysop (Hyssopus officinalis) in ihre Gesangbücher, denn dieser diente dazu, mit seinem scharfen Geruch vor dem «Kirchenschlaf» zu bewahren![49]
Spazieren wir nun in den Chor zum Grab der **Königin Gertrud Anna** und ihrem Kindlein **Karl** (Nordseite des Chors). Die kunsthistorisch bedeutende Grabplatte des Doppelgrabes zeigt die edle Gestalt der Königin zusammen mit dem Knäblein im schlichten, mit kleinen Knöpfchen verschlossenen Gewand. Der kleine Karl ist grösser dargestellt, als er je war, starb er doch im Alter von nur sechs Monaten im Jahre 1276. Königin Gertrud Anna, die Gemahlin von Rudolf von Habsburg, weilte damals auf einer Burg in Rheinfelden. Die Beisetzung des kleinen Kindes fand jedoch im Basler Münster statt. Beim Begräbnis waren nicht nur alle Mönche und Weltgeistlichen niederen und höheren Ranges zugegen, auch alle Ritter und zahlreiche angesehene Bürger gaben Karl das letzte Geleit. Die kleine Bahre war mit einem kostbaren Teppich verhüllt, welcher dann in den Besitz der Kirche überging.[50] Nach der Beisetzung verbrachte die trauernde Königin zusammen mit sechs Hofdamen die Fastenzeit im Kloster Klingental im Kleinbasel. Als Gertrud Anna fünf Jahre später in Wien starb, wurde sie auf ihren Wunsch nach Basel überführt und neben ihrem Kind bestattet. Im gleichen Jahr ertrank im Rhein ein weiterer Sohn von ihr, Hartmann. Auch er wurde im Chor des Basler Münsters bestattet, aber sein Grabmal ist leider nicht mehr erhalten.
Königin Gertrud Anna hatte elf Kindern das Leben geschenkt. Das letzte war kurz vor ihrem Tod zur Welt gekommen, es lebte aber nur ein paar Stunden. Vermutlich hat sich die Königin von dieser Geburt nicht mehr richtig erholt, denn sie war bereits etwa 46 Jahre alt!
Nachkommen auf die Welt zu stellen, besonders Knaben als Stammhalter, zählte für eine adelige Dame stets zu den wichtigsten Aufgaben. Man suchte auch damals schon nach Anhaltspunkten und Verhaltensregeln, um einen männlichen Nachkommen zu erhalten. Der Winter galt zum Beispiel als beste Jahreszeit zur Zeugung eines Knaben. Man schloss auch aus dem frischen, reinen Teint einer Schwangeren auf einen männlichen Nachkommen. Ein Stammhalter war wichtig, aber an erster Stelle stand für die Frauen vor allem der Wunsch, ein gesundes

Kind zur Welt zu bringen und die Geburt ohne Schaden zu überstehen. Sie hofften und zählten auf den Beistand und die Unterstützung aller Heiligen, richteten ihre Gebete um Fürbitte an sie und pilgerten zu den zahlreichen Wallfahrtsstätten rings um Basel, wie zum Beispiel St. Margarethen, St. Chrischona und St. Ottilia.
Ein kleines Kind wurde früher wenige Tage nach der Geburt getauft. Den **Taufstein** finden wir im südlichen Querschiff aufgestellt (die Chortreppe links hinuntergehen). Der grosse Taufstein, 1465 aus rotem Sandstein gehauen, zeigt im Zentrum die Taufe Christi im Jordan, rechts und links Johannes den Täufer und einen Engel sowie die Heiligen Laurentius, Jakobus, Paulus, Petrus und Martin. Die Taufe war die unerlässliche Voraussetzung für das Seelenheil eines kleinen Kindes. Man war überzeugt, dass ein Säugling, der ungetauft starb, Gottes Gnade nicht fand. Der heilige Augustinus meinte, das ungetaufte Kind müsse in die Hölle fahren. Vom 12. Jahrhundert an setzte sich jedoch der Standpunkt durch, die Ungetauften kämen nur in die Vorhölle, denn die Kinder hätten die Sünden ja nicht selbst begangen, sondern nur geerbt.[51] Mit der Erbsünde ist die Sünde von Adam und Eva gemeint, die von Generation zu Generation weitergegeben wird, und zwar stellte man sich vor, dass im Akt der Zeugung diese Weitergabe erfolgte. Das Kind war die Frucht der Fleischeslust, diese aber eine Verlockung des Satans. Somit kam das Kind sündig zur Welt. Durch die Taufe wurde es von den Sünden erlöst und aufgenommen in die Gemeinde der Gläubigen.
Übrigens: Der erste Täufling, der nach dem Beitritt Basels zur Eidgenossenschaft hier aus der Taufe gehoben wurde, war **Hieronymus Froben**, der Sohn des berühmten Buchdruckers Johannes Froben. Er ist am Tag des Beitritts, dem 13. Juli 1501, als erster Schweizer Knabe im Münster getauft worden.
Eine weitere Abbildung eines Kindes finden wir nun noch **aussen am Münster**, über der **Galluspforte** an der Nordseite. Hoch über der figurenreichen Pforte dreht sich ein **Glücksrad** (um 1220). Am Aussenrand klammern sich die Figuren fest, während sie nach unten gerissen werden, um alsbald wieder langsam nach oben getragen zu werden. Das Glück dreht und wendet sich für Männer verschiedenen Alters, aber auch für ein Kind (vierte Figur rechts, von oben gezählt). Das unbarmherzige Schicksal schlägt auch hier zu: Die Haare stehen dem Kind zu Berge, während es mit Schwung nach unten gezogen wird. Der Tod eines Elternteils oder gar beider Eltern, eine böse Stiefmutter, als Verdingbub sein Dasein fristen, Unfall oder Krankheiten, das waren die Schicksalsschläge, mit denen Kinder in früheren Jahrhunderten konfrontiert wurden.

Der Kleine Kreuzgang des Basler Münsters. Der efeubewachsene Innenhof diente lange Zeit für Kindergräber.

Daran wird man auch im **Kreuzgang** erinnert, den wir als Nächstes aufsuchen wollen. Indem man um die Chorpartie des Münsters herumgeht, gelangt man durch einen kleinen Durchschlupf zum Kreuzgang. Zur Zeit des Bischofs diente der Kreuzgang den Prozessionen und stillen Gebeten der Domherren, nach der Reformation wurde er als Grabstätte benutzt. Viele berühmte Basler Namen kann man auf den verschiedenen Epitaphien entdecken.

Der Kleine Kreuzgang linker Hand, mit dem efeubewachsenen Innenteil, diente hauptsächlich für Kindergräber (siehe Foto S. 59). Die Menschen waren früher ständig vom Tod umgeben. Den schrecklichen Epidemien und den vielen verschiedenen Krankheiten stand man meist hilflos gegenüber. Auch die Kindersterblichkeit war sehr hoch: Bis ins 18. Jahrhundert starb etwa ein Drittel der Geborenen schon im Kindesalter! Neben den Krankheiten mit hohem Fieber wie Grippe, Masern und Lungenentzündung fürchtete man den Keuchhusten oder Magen- und Darmerkrankungen. Auch die zahlreichen Unfälle darf man nicht vergessen. Kleinkinder erlitten Verbrennungen durch heisses Wasser, fielen Treppen hinunter, verschluckten Gegenstände oder fielen ins Wasser der verschiedenen Brunnen und Gruben. Heute darf man bei all den erwähnten Krankheiten und Unfällen dank der ärztlichen Kunst und den Heilmitteln mit einer Genesung rechnen.

Trotz der vielen Todesfälle war die Trauer um ein verlorenes Kind auch früher sehr gross. Davon wird immer wieder berichtet. Wir sehen linker Hand an der Wand ein längliches Epitaph der Familie Platter. Die Namen von **Thomas und Felix Platter** liest man auf weissem Feld mit rotem Rahmen. Felix trauerte lange um seine Schwester, die während einer Pestepidemie im Jahre 1551 gestorben war, ja noch sechzig Jahre später konnte er den Brief seines Vaters mit der traurigen Nachricht vom Tod der Schwester nicht ohne Tränen lesen: «Ach min lieber sun, du weist nit und kanst noch nit wissen, wie we einem vatter eines lieben kinds abscheid thut von diser zit.»[52] Und als Vater und Sohn von einer Reise zurückkehrten, meinte der Vater vor den Toren der Stadt: «Felix, du freuwest dich heim, aber mich nit, wil ich mein dochter nimen finden.»[53]

Ein anderes trauriges Beispiel für die grosse Kindersterblichkeit finden wir, in Richtung Ausgang Rittergasse weitergehend, auf der linken Seite an einem Pfeiler: ein ansprechendes, rotes Sandsteinrelief mit einer zarten Frauengestalt, die zum Himmel schwebt und zwei Kinder im Arm hält. Es ist das Grabdenkmal für **Susanne Forcart-Merian** (1799–1823). Dem Ehepaar Susanne und Karl Forcart-Merian wurden einige Zeit nach der Hochzeit zwei Kinder geschenkt. Das Glück war aber nur von kurzer Dauer, denn schon wenige Monate nach der Geburt starben die beiden Kleinen. Bald darauf begann auch Susanne zu kränkeln, wohl aus grossem Kummer über den Verlust ihrer beiden Kinder, und im blühenden Alter von nur 24 Jahren verschied auch sie.

Von der Rittergasse zur Freien Strasse

Der Bruder von Susanne Forcart-Merian war der in Basel hochverehrte Stifter Christoph Merian. Das Haus, in welchem die beiden Geschwister ihre Kinderzeit verbracht haben, finden wir, wenn wir aus dem kühlen Halbdunkel des Kreuzgangs hinaus ins Licht treten und uns nach links wenden. An der Ecke **Rittergasse**/Bäumleingasse steht ein prachtvolles Barockhaus, der «Delphin» (Nr. 10). Vom dritten bis zum fünfzehnten Lebensjahr lebte hier **Christoph Merian** (1800–1858) zusammen mit seiner Schwester. Den Vater von Susanne und Christoph nannte man nur «den reichen Merian», weil er während der Kontinentalsperre Napoleons durch eine glückliche Hand mit seinen Handelsgeschäften grossen Wohlstand erarbeitet hatte. Trotz dieses Reichtums erzog er seine Kinder, vor allem seinen Sohn, äusserst streng und spartanisch. Christoph Merian war ein stilles, eher schüchternes, in sich gekehrtes Kind. Im Alter von acht Jahren wurde er aufs Humanistische Gymnasium geschickt. Es wird berichtet, dass es ihn sehr viel Überwindung gekostet habe, manchmal mit geplätzten Hosen zur Schule gehen zu müssen![54] Der Schulunterricht weckte bei ihm auch sonst nicht viel Ehrgeiz, lobend erwähnt wird nur sein gutes Betragen. Die Hoffnungen des Vaters, den Sohn einmal für den Handel gewinnen zu können, erfüllten sich nicht. Christophs Neigung und Vorliebe galt der Landwirtschaft, und er liess sich schliesslich auch auf diesem Gebiet ausbilden.

Das stilvolle Barockhaus war nicht von den Merians erbaut worden, sondern schon einige Zeit vorher vom wohlhabenden Tuchhändler Peter Werthemann-Burckhardt. Dieser hatte 1759 einen der erfolgreichsten Basler Architekten mit dem Bau beauftragt: Samuel Werenfels. Baslerische Zurückhaltung verbunden mit französischer Eleganz zeigen die Fenster mit den geschmiedeten Korbgittern und dem schwungvoll gegliederten Mittelteil, herrlich geschmückt mit üppigen Rosengirlanden aus rotem Sandstein. Familie Werthemann hatte nicht weniger als acht hübsche Töchter zu verheiraten. Alle wurden mit angesehenen Basler Familien verbunden, sodass die Mutter, Frau **Anna Katharina Werthemann-Burckhardt**, die «Stammmutter eines guten Teils der Basler Gesellschaft»[55] wurde. Als sie 1804 starb, hinterliess sie 168

Nachkommen! Von einem Urenkel findet man ein wunderschön beschriebenes Bild seiner Urgrossmama: «Da sass sie, gelähmt an den Beinen, in ihrem Fauteuil am Fenster, das auf die Rittergasse ging – eine schöne, alte Frau in ihrem silbernen Basler Häubchen, im schwarz und weiss gestreiften Seidenkleid, den kurzen Ärmeln mit Spitzenmanschetten, aus denen die vollen, runden Arme schauten. Mit spitzen Fingern hielt sie ein blau-weisses Seidentuch gefasst, und auf dem Fenstersims lag die goldene Tabatiere. Auf dem Tischlein neben dem Fenster sah ich immer die grosse, fleissig benutzte Bibel und neben der Bibel eine kostbare, von Hand geschriebene, mit gemalten Bildern geschmückte Schweizerchronik.»[56] So empfing sie ihre zahlreichen Enkel und Urenkel. Diese erhielten bei ihren Besuchen jeweils etwas Konfekt, welches sie sich aber zuerst verdienen mussten: Die Urgrossmama gab nämlich eine Bibelstelle auf und erwartete, dass das Kind diese rasch in der Bibel aufschlagen konnte. Dann hatte es den Text laut vorzulesen. War es die richtige Stelle, wurde es belohnt. Ein Kind der heutigen Zeit müsste wohl lange auf seine Süssigkeiten warten ...

Drehen wir das Rad wieder um einige Jahrhunderte zurück und spazieren dazu die **Bäumleingasse** hinunter bis zum imposanten Haus Nr. 18 auf der linken Seite. Hier ist der grosse Humanist **Erasmus von Rotterdam** im Jahre 1536 gestorben. In einem seiner Werke bemühte sich Erasmus speziell um die Verbesserung der Lateinkenntnisse von Schülern. Gleichzeitig machte er sich auch Gedanken, wie er damit auf die Lebensführung, die Gesinnung und das Benehmen der jungen Leser Einfluss nehmen könnte: Die «Schülergespräche», die 1522 in Basel gedruckt wurden, geben einen interessanten Einblick in die Alltagswelt jener Zeit. So staunt man zum Beispiel über den Anstandsunterricht. Da gibt der Lehrer dem Schüler folgende Anweisungen: «Sooft dich jemand anredet, dem du Ehrfurcht schuldest, steh gerade und nimm die Kopfbedeckung ab. Mach kein mürrisches und finsteres Gesicht, schau nicht dreist oder keck oder unstet drein, sondern geziemend heiter und bescheiden. Richte deinen Blick immer respektvoll auf den Gesprächspartner, halte deine Füsse beisammen und deine Hände ruhig. Tritt nicht von einem Fuss auf den andern und gestikulier nicht mit den Händen; beiss dir nicht auf die Lippen, kratz dich nicht am Kopf und bohr nicht in den Ohren. Auch deine Kleidung soll anständig und schicklich sein ... » Und was antwortete der Schüler? «Ich will mich bemühen, mein Lehrer.»[57] Diese Antwort wurde allerdings erwartet, sonst hätte es Prügel abgesetzt. In der Schule gehörten Prügel damals zum Lernprogramm. Das Attribut eines Lehrers auf mittelalterlichen Abbildungen ist stets eine Rute.

Die Prügelstrafe war eine gängige erzieherische Massnahme in der christlichen Gesellschaft, davon gibt es zahlreiche Berichte. Zum Beispiel auch im Tagebuch von Felix Platter, dessen Wohnhaus wir als Nächstes aufsuchen wollen. Die Bäumleingasse weiter abwärts spazierend bis zur Einmündung in die **Freie Strasse**, dann nach links abbiegend, gelangt man nach wenigen Schritten zum «Freiehof» (Freie Str. Nr. 90–94). Hier stand im 16. Jahrhundert das Wohnhaus von **Thomas Platter** (1499–1582). Sein Leben kann man nur als märchenhaft oder filmreif bezeichnen: Als Verdingbub hütete er als kleines Kind Ziegen im Wallis. Danach verbrachte er viele Jahre als Bettelbub mit einem fahrenden Scholaren in halb Europa. Mit siebzehn Jahren hatte er viel erlebt, konnte aber kaum lesen und schreiben, dafür betteln und stehlen. Dann nahm er jedoch sein Leben in die Hand. Mit unvorstellbarer Energie brachte er es fertig, durch Selbststudium Latein, Griechisch und Hebräisch zu lernen und sich bis zum Druckerherrn und Rektor der «Schule auf Burg» in Basel emporzuarbeiten und hier an der Freien Strasse Hausbesitzer zu werden!
Seinen Sohn **Felix Platter** (1536–1614) liebte er abgöttisch, er sollte es einmal besser haben. Das hiess aber nicht, dass er ihn verzog, im Gegenteil. Thomas Platter hielt sich an den Bibeltext: Wer seinen Sohn liebt, der züchtigt ihn. Felix Platter schildert immer wieder Prügelstrafen in seiner Autobiografie, die er als Siebzigjähriger aus seinen Tagebüchern zusammengestellt hat. Frau Platter und die Kinder mussten in der Druckerei tatkräftig mithelfen, sodass den Kindern manchmal vom Papierstreichen «die Fingerlein blieten wollten». Im Tagebuch von Felix Platter wird von Sorgen, Schulden und Streit berichtet, aber man liest auch von vielen frohen Stunden. Felix fand immer wieder Zeit für Spiele. Nach dem Besuch einer Freilichtaufführung auf dem Marktplatz mit dem Theaterstück «Paulus' Bekehrung» berichtet Felix (die Übersetzungen in Klammer zum besseren Verständnis): «… der burgermeister von Brun war Saulus, der Balthasar Han der hergoth, in eim runden himmel, der hieng oben am Pfuwen (Haus Pfauenburg am Marktplatz), dorus der strol (Blitz) schoss, ein fürige racketen, so dem Saulo, alss er vom ross fiel, die hosen anzündet.»[58] Dieses eindrückliche Theaterspiel inspirierte die Buben, und sie spielten im Hof des Hauses hier an der Freien Strasse ebenfalls Pauli Bekehrung: «In meins vatters höflin wolten wir auch den Saulum spilen, wil wir ettlich sprüch aus der burger spil gelernt hatten. Der Roll (ein Freund) war Saulus und ich der hergot, sas uf dem heuner steglin (Hühnersteg), hat ein schiit (Holzscheit) fir ein strol (Blitz), und alss der Roll auf eim schiit firüber reit gon Damascum, warf ich den strol nach im, draf in ut ein aug, dass er blutet …»[59]

Der später hochverehrte Stadtarzt Felix Platter als Herrgott auf der Hühnerleiter sitzend – welch köstliche Vorstellung! Und welch ein Unterschied zu den Geschäften, die heute an diesem Ort zu bestaunen sind. Allerdings, Felix Platter hat sich auch gerne gut angezogen: «Ich war altzeit zimlich hüpsch kleidet, altzyt von farben, wie domalen der bruch, anfangs mit eim theilten (zweifarbigen) kleidt, ... baldt wissen (weissen), darnoch schwebel gälen (schwefelgelben) hosen, do mich alss seer blangt, wan meister Wolf Eblinger der schnider am Fischmerckt mir die hosen brechte.»[60] Ein Vorfall aus seiner frühesten Kindheit ist ihm dabei unvergessen geblieben: «Wie auch dass ich der freuden mich erinneren, die ich gehapt, do man mir meine erste hosen anleit unnd dass sy rot gewesen sindt und an einem suntag geschechen ist, in welchem der vatter ein grossen korb zame kirsen (Kirschen) uf den tisch schut (schüttete), deren ich so vil ass, dass mein freudt in leidt verkert wardt und man mich wider uf nestlen und die hosen abzien musst und weschen.»[61]

Von der Freien Strasse zum Münsterplatz

Vater Thomas Platter war zu dieser Zeit Rektor der «Schule auf Burg». Diese erreichen wir, indem wir wieder zurück gehen, die Freie Strasse weiter abwärts spazieren und beim Neptunbrunnen rechts den **Münsterberg** wieder hochsteigen.
Am Münsterberg Nr. 2 befand sich im 19. Jahrhundert eine kleine Privatschule, in welche die kleinen Kinder der guten Basler Gesellschaft aus der näheren Umgebung geschickt wurden. Unter den kleinen Schülern finden wir auch **Jacob Burckhardt** (1818–1897). Magister **Johann Heinrich Munzinger** erteilte dem kleinen «Köbisli»[62], wie er damals gerufen wurde, den allerersten Unterricht, nämlich vom dritten bis zum fünften Lebensjahr (siehe Bild S. 65). Es war keineswegs ein Kindergarten zum Spielen, sondern dem kleinen Knaben wurde bereits das Lesen und Schreiben beigebracht. Anschliessend wurde er in die Münstergemeindeschule geschickt, wo etwa hundert Schüler von zwei (!) Lehrern unterrichtet wurden. Trotzdem wird sie als bestgeordnete Schule Basels bezeichnet.[63] Jacob Burckhardt besuchte danach das Gymnasium, wo er sogar einmal sitzen blieb. Allerdings ist gut denkbar, dass der Grund darin zu suchen ist, dass ihn der frühe Tod seiner geliebten Mutter – Jacob war gerade erst zwölf Jahre alt – sehr belastet und beschäftigt hat.
Ein anderer kleiner Schüler lernte auch bei Lehrer Munzinger buchstabieren: **Christoph Merian**, von dem wir schon in der Rittergasse gehört

Jacob Burckhardt als Dreijähriger.

haben. Und schliesslich ist noch ein weiterer, später berühmter Schüler zu nennen, dem Lehrer Munzinger die ersten Unterrichtsstunden erteilte: **Johann Jacob Bachofen** (1815–1887). Der kleine Johann kam täglich von der Rittergasse Nr. 20 hergesprungen, wo er aufgewachsen ist. Später wohnte er als Gelehrter am Münsterplatz Nr. 2, wo 1861 sein berühmtes Werk über das «Mutterrecht» entstanden ist, auf das heute in der feministischen Literatur gerne hingewiesen wird.
Wir steigen nun den Münsterberg hoch und treffen zur grossen Überraschung auf eine kleine, fast mittelalterlich anmutende Werkstatt, die man in einer modernen Stadt nicht unbedingt erwarten würde (Münsterberg Nr. 16): Ein Kunstschlosser ist zu sehen, mit Feuer und Amboss arbeitend. Kein Passant kann vorbeigehen, ohne kurz stehen zu bleiben und sich in den Anblick zu vertiefen. Genauso fesselten die Kinder im Mittelalter die Tätigkeiten in den verschiedenen Werkstätten im Erdgeschoss der Häuser. Schlosser, Schuhmacher, Gerber, Schneider und viele mehr konnte man bei der Arbeit beobachten. Der Berufswahl war allerdings kaum grosser Spielraum gegeben. Die Kinder erlernten üblicherweise den Beruf ihres Vaters, ob er nun Handwerker, Bauer oder Kaufmann war.
Schon bei den Adeligen haben wir gehört, dass bereits die siebenjährigen Knaben ausserhalb der Familie erzogen und ausgebildet wurden. Auch bei den Handwerkern begann die Ausbildung, verglichen mit den heutigen Verhältnissen, sehr früh: Ein Junge wurde gewöhnlich im Alter von zwölf bis dreizehn Jahren in die Lehre gegeben! Der Handwerker musste somit dem Lehrbuben Meister und Vater zugleich sein, ihn sein Gewerbe lehren und ihn erziehen. Das Lehrlingswesen war den Zünften ein grosses Anliegen und genau geregelt. In den Akten der Safranzunft ist ein Schriftstück erhalten, das zeigt, wie umsichtig der Zunftvorstand dabei zu Werke ging. Unterkunft und Verpflegung wurden festgelegt, ebenso, wer für die Kleidung zuständig war, und schliesslich auch, was bei einem Todesfall zu geschehen habe. An die Lehre, deren Länge genau vorgeschrieben war, schloss sich die Wanderschaft an, auf der sich der Geselle seine berufliche Tüchtigkeit erwarb. Danach waren die Voraussetzungen für einen Zunftbeitritt und die Berufsausübung für einen Basler Stadtbürger erfüllt.
Während heutzutage die Kinder kaum einmal den Arbeitsplatz ihres Vaters zu Gesicht bekommen, konnten sie früher den Vätern und den anderen Handwerkern bei der Arbeit zusehen. «Ich hatte als Paten … einen mir sympathischen, alten Mann, einen Wagner, in dessen Werkstatt ich oft seine geschickte Arbeit beobachtete», berichtet **Carl Gustav Jung** (1794–1864). Das Patenkind stand nicht nur zum Beob-

achten in der Werkstatt herum, sondern Karl Jung, wie er sich damals noch nannte, lernte sogar das Schmieden am Amboss! C. G. Jung ging als Schüler ins Humanistische Gymnasium. Wir besuchen nun diese Schule, indem wir am **Münsterplatz** Nr. 15 durch das Hoftor mit der lateinischen Inschrift «moribus et litteris sacrum» (den guten Sitten und den Wissenschaften geweiht) eintreten. Man gelangt nach dem Durchgang in den Schulhof und zu einem Hintergebäude, das 1845 an der Stelle eines altersschwachen Schulgebäudes errichtet wurde.
Einer der bedeutendsten Leiter dieser Schule war der schon erwähnte **Thomas Platter** im 16. Jahrhundert. Er amtete hier über dreissig Jahre lang als Rektor. Ein modernes Kunstwerk von Manfred Cuny erinnert daran: «Lehrer und Schüler» zeigt Rektor Thomas Platter zusammen mit einem Schüler. Sinnigerweise befindet es sich am ehemaligen, jetzt zugemauerten Rektoratsfenster. Von Thomas Platters grossen Verdiensten und seinem Einsatz beim Aufbau der «Schule auf Burg» liest man staunend. Von den Prügelstrafen berichten hinwiederum seine Schüler. Zum Beispiel der knapp vierzehnjährige **Christian Wurstisen** (1544–1588): «Ich bin in der Schule Platters verhauen worden, ich bin zwischen 2 und 3 Uhr auf die Pfalz gegangen und habe gereifelt.» Kein Pädagoge zögerte früher, die Rute anzuwenden, sogar bei vierzehnjährigen Schülern wurde keine Ausnahme gemacht. Natürlich kann man sich auch heutzutage nicht einfach erlauben, während der Schulzeit auf die Pfalz zum Spielen zu gehen, ohne dass es Folgen hat. Aber die Prügelstrafe hätte heute für den Lehrer wohl ebenfalls Folgen.[64]
Viele berühmte Schüler kann diese Schule vorweisen: Sie sind gar nicht alle aufzuzählen, ja man darf behaupten, dass fast alle bedeutenden Basler einst die «Schule auf Burg» respektive das Humanistische Gymnasium besucht haben. «In der Münsterschuel uf mim herte Stuehl ...» dichtete **Johann Peter Hebel**, der diesen harten Stuhl ebenfalls selbst einige Zeit gedrückt hat. Die Glocke – man sieht sie über dem Eingang rechts am hinteren Gebäude – wurde von Hand geläutet zum Anzeigen der Pausen. Die Schüler der Klasse 4a waren jeweils für das pünktliche Läuten verantwortlich und sind es wohl heute noch.
Wir bleiben im Schulareal, spazieren nach rechts weiter, entlang den behaglichen Rückseiten der Häuser, und gelangen zu einem weiteren Schulhof des Gymnasiums, mit einem mächtigen Baum im Zentrum. Bei einer kleinen Ruhepause auf dem schattigen Bänklein schaut man mit Wohlgefallen auf die Rückseite eines der Häuser am Münsterplatz: Die in Grüntönen gehaltene Hofseite mit den heimeligen Lauben lassen die Zeit um 1600 erstehen. Dieser geschmackvolle Renaissancebau wurde vom bedeutenden Basler Kaufmann **Andreas Ryff** (1550–1603)

in seinem Todesjahr mit diesen hübschen Lauben versehen. Schon in seiner Kindheit hat Andreas Ryff gerne gebaut: «Dann wo ich ein Häufchen Sand oder Grund auf den Gassen gewusst, dabei hat man mich funden, dass ich diese Löcher gegraben und mit Steinen hohe Thüren, Häuser und Mauern gebauen hab; ich bin mit Kalk und Lehm gern umgegangen», berichtet er.[65] Auch er ging als Kind ins Gymnasium «auf Burg». Aber mit dem Lernen hatte er seine Mühe, auch Nachhilfestunden scheinen wenig gefruchtet zu haben. «In summa, aldiewyl ich under der ruotten gewesen, hat ich nit anzeigen derffen, wasz ich gedacht hab ... aber mein complexion neigte sich allezith uff andere sachen», schreibt er. Wie sehr spricht er da den meisten Schulkindern aus dem Herzen, die auch heutzutage meist andere Sachen im Kopf haben. Das Praktische scheint Andreas Ryff wesentlich näher gelegen zu haben als die Theorie: In der Freizeit betrieb der kleine Knabe nämlich einen regen Handel mit selbst gefärbten Tauben- und Gänsefedern oder farbigen Schnüren und Wollgarnen! «Denn ich von jugent uff lust und liebe gehapt zuo handeln und werben, auch zu reisen.»[66] Mit Staunen liest man davon, dass er bereits mit zehn (!) Jahren nach Genf geschickt wurde für einen dreijährigen Sprachaufenthalt. Die beiden ersten Jahre in Genf waren hart, wurde er doch wie ein Knecht behandelt. «Kan dernhalben niemandt rothen, seine kinder in solliche winckel zu verstecken», schreibt er später darüber. Schliesslich erklärte er seinem Vater, dass er nicht studieren, sondern eine kaufmännische Laufbahn einschlagen wolle. So wurde er im dritten Genfer Jahr zu einem Gewürzkrämer gebracht. Dort bekam er zwar auch grausame Prügel, aber die Ausbildung scheint trotzdem auf fruchtbaren Boden gefallen zu sein; insbesondere die religiöse Erziehung im calvinistischen Genf hinterliess Spuren. Mit dreizehn Jahren kehrte er schliesslich nach Basel zurück und besuchte nochmals kurz das Gymnasium, wechselte dann aber zu einem Privatlehrer, damit die praktische Seite der kaufmännischen Interessen gefördert werden konnte. Gleichzeitig half er seinem Vater bereits fleissig in dessen Tuchgeschäft und begleitete ihn auf Reisen. Andreas Ryff gilt heute als «der vollendete Typus des Basler Kaufmanns».[67] Seine Erfolge in verschiedensten Unternehmungen sind bewundernswert. Er wird auch für seine politischen Verdienste, die er als Ratsherr in beeindruckender Weise erwirkt hat, zu Recht gerühmt. Die grausamen Prügel der Genfer Zeit scheinen weniger geschadet zu haben, als man heute befürchten würde ...

Vom Schlüsselberg zur Martinskirche

Nun treten wir wieder auf eine Gasse hinaus, den **Schlüsselberg**. Hier entdeckt man am Haus, dessen Rückseite wir gerade betrachtet haben, ein Wandbild mit einem «**Lusmaitli**» (rechts oben am Fenster des ersten Stocks): Ein Lehrer und eine kleine Schülerin blicken zum Fenster hinaus. Dahinter befindet sich ein Schulzimmer der Primarschule. Das blinde Fenster sollte, zur optischen Täuschung, mit Sprossen ergänzt werden. Der Maler Kony Meier, ein routinierter Fasnachtslaternenmaler, hatte nun aber die Idee, den Lehrer aus der Schulstube dahinter zu porträtieren. Er malte ihn, wie er aus dem Fenster schaut, und dazu macht eine kleine Schülerin mit blauer Haarschlaufe und Schwänzchenfrisur eine vorwitzige Geste (siehe Foto unten).
Wer ahnt noch etwas vom jahrhundertelangen Kampf, bis es so weit war, dass Mädchen ebenfalls eine Schulbildung erhielten, so wie die Knaben? Mädchen wurden von ihren Müttern erzogen und unterrichtet, nur beim gehobenen Stand dachte man daran, einen Privatlehrer zuzuziehen. Im Mittelalter wurde unentwegt betont, dass ein Mädchen auf Grund seines schwach ausgeprägten Verstandes leicht zu verführen und deshalb möglichst im Hause zu behalten sei! Einzig Bibelsprüche

«Lusmaitli» von Kony Meier, Wandmalerei am Schlüsselberg.

auswendig lernen und das Lesen von einigen (sorgfältig ausgewählten) Bibelstellen wurde als angebracht erachtet. Als man endlich daran dachte, Mädchenschulen einzurichten, waren die Lehrpläne immer noch auf diesen Voraussetzungen aufgebaut. Noch 1817 heisst es in einer Eingabe der Inspektion an den Rat von Basel: «Die eigentlichen Schulen können und sollen den Mädchen nicht ebensoviel sein als den Knaben. Dieser ist für das öffentliche Leben bestimmt und muss daher früher wie dasselbe gebildet werden. Das Mädchen ist für das häusliche Leben bestimmt und lernt demnach auch nicht das meiste, doch das beste in der Häuslichkeit, wenn diese einigermassen ist, wie sie sein sollte.»[68] In einem Buch, das den Töchtern im 18. Jahrhundert als Lesestoff zugebilligt wurde, wird von einem Fräulein erzählt, das eine Mädchenschule einrichten will, und zwar mit folgender Klasseneinteilung:
«1. Sanfte, gutherzige Geschöpfe bilde ich zu Kinderwärterinnen;
2. die Anlage zu Witz und geschickte Finger haben zu Kammerjungfern;
3. nachdenkende und fleissige Mädchen zu Köchinnen und Haushälterinnen;
4. die letzte Klasse von dienstfähigen zu Haus-, Küchen- und Gartenmädchen.»[69]
Unser kleines «Lusmaitli» wäre damals wohl in die Klasse zwei eingeteilt worden ...
Wir begeben uns nun wieder zum Münsterplatz, halten uns links und gelangen in die **Augustinergasse**. Der Name erinnert an das Kloster der Augustiner, das einst an diesem Strassenzug gestanden hat. Heute findet man an jener Stelle einen grossen, klassizistischen Bau mit einer prachtvollen Türe. Zwei bedeutende Museen zeigen ihre Schätze hinter diesem Portal, das Museum der Kulturen und – von den Kindern besonders gerne aufgesucht – das **Naturhistorische Museum** mit Mammut und Dinosauriern. Andere wilde Tiere kann man auch betrachten, wie zum Beispiel Luchs, Bär und Wolf. Dabei denkt niemand daran, dass sich diese Tiere in früheren Zeiten durchaus in Basels Umgebung herumtrieben:
«Ist sonderlich mitternachtwärts, wo es nicht gereutet, so rauhe, dass etwan Bären allda gefunden werden», berichtet **Christian Wurstisen** 1580. Während eines harten Winters im Jahre 1421 lief ein Wolf sogar mitten durch die Stadt, den Rheinsprung hinunter, über den Fischmarkt und zum St. Johannstor wieder hinaus, ohne dass es gelang, ihn zu erlegen. Und 1639 soll ein Wolf beim Münster unterhalb der Pfalz erlegt worden sein.[70] Noch 1824 fanden die letzten Wolfstreiben statt, sodass es nicht verwundert, wenn die Kinder im Spiel bis in die heutige Zeit rufen: «Lueget nit ume, dr Wolf goht ume.» Abends im Dämmer-

licht dem Märchen «Rotkäppchen» zu lauschen, hatte wohl eine ganz andere Wirkung, wenn man wusste, dass der Wolf vor den Toren der Stadt umherspazierte: «Ich hab seer gern zu gelosst, wan man etwas ... fablen und merlin erzellet ... aber gar schreckhaft und forchtsam darvon worden ... auch etwan in der nacht mich geförchtet», schreibt **Felix Platter** im 16. Jahrhundert.[71]
Von einem Bären liest man auch in einem Brief aus dem Schloss Wildenstein im Baselbiet: «Zum Glück wussten sie noch nicht, was wir den andern Morgen erfuhren, sonst hätten sie es nicht einmal gewagt, die Nase zum Fenster hinaus zu strecken. Mein unterer Lehnmann, genant Kellerhans, der helfen herbsten sollte, kam nemlich in voller Angst zu uns herauf, und zeigte an, er habe auf der Hugsmatt einen grossen Bären angetrofen, nur wenige Schritte von ihme entfernt. Sogleich wurde meine semtliche Manschaft bewafnet; theils mit Spiessen, Morgenstern, Hellebarden und Schiessgewehr, und marschierte den Berg hinunter zum untern Wasserfall, wohin sich der Bär gerettet hatte. Allein ihr dummes Geschrey das ihnen die Angst herauspresste, machte den Bären davonlaufen. Er entwich in den hintern Winckel des Stierenwaidlins, und so wurde er von meinen Jägern verfehlt. Während dieser Zeit wurde in Bubendorf Sturm gelitten, dieweil einge behaupteten, das fürchterliche Thier auf ihrem Kirchhof gesehen zu haben. Über einmal drang eine Schaar von hundert bewaffneter Bauren von allen Seiten her auf den Wildenstein. Aber auch diese dummen Kerls fiengen an, einen so unvernünftigen Lärm zu machen, dass der klügere Bär es für rathsam fand, seinen Zufluchtsort zu verlassen und sich weiters zu begeben. Seither hat man nichts mehr von ihm gehört, und dazu bleibt es noch unerwiesen, ob das gesehene Thier würcklich ein Bär, oder ein Hund war.»[72]
Diese abenteuerliche Begebenheit schildert Vater Vischer 1808 in einem Brief an seine dreizehnjährige Tochter Emma, die im Welschland weilte. Familie Vischer wohnte im «Blauen Haus» am **Rheinsprung**. Um dorthin zu gelangen, spazieren wir weiter geradeaus bis zu zwei grossen, imposanten Barockhäusern. **Emma Vischer** war das zwölfte Kind des Ehepaars Peter und Anna Vischer-Sarasin vom «**Blauen Haus**» (Rheinsprung Nr. 16). Mit dreizehn Jahren wurde sie ins Welschland ins Internat geschickt, nach Wunsch des Vaters, damit er Emma «nicht blos in der Gestalt und mit den Manieren eines einfachen Bauren Mädchen zurück kommen sehen, sondern vielmehr als eine wohlerzogene Tochter, die sich überal presentieren lässt». Zuerst wurde sie in ein Institut zu Heinrich Pestalozzi nach Yverdon geschickt, aber die Erziehungsansichten und Erfolge entsprachen nicht den Erwartungen,

sodass Emma nach zwei Jahren in eine teure Pension nach Genf übersiedeln musste.
Die guten Manieren kamen Emma später tatsächlich gut zustatten, weilten doch in den Jahren 1814/15 mehrere gekrönte Häupter zu Gast bei Familie Vischer im «Blauen Haus». Zuerst Kaiser Franz von Österreich (siehe Frauenrundgang I) und danach auch dessen Tochter, die französische **Kaiserin Marie-Louise** mit ihrem dreijährigen Söhnlein. Die Kaiserin, vor kurzem von Napoleon getrennt, nahm auf der Rückreise von Paris nach Wien am 2. Mai 1814 Quartier im «Blauen Haus». Ganz Basel war auf den Beinen, um ihre Ankunft zu erleben, doch zum Leidwesen vieler trug die Kaiserin einen grossen Hut, «dass beinahe niemand ihr Gesicht sehen konnte».[73] Das Söhnlein – der kleine, dreijährige Knirps trug den Titel «**König von Rom**» – wurde in seinem eigenen eisernen Bettlein schlafen gelegt, welches mit goldenen Borten garniert war. «Der Kleine war sehr artig», berichtet Hausherr Peter Vischer von seiner Aufwartung am nächsten Morgen, «ich küsste ihn und griff seine Pfausbäcklein, die aber gar nicht kech waren. Er hat ... ein liebliches Angesicht und eine sehr artige Figur. Seine Gesichtsfarbe ist blass und gelblich und sein Näslein etwas schmal und zusammengefallen, so dass ich ... zweifelte, ob er ein hohes Alter erreichen wird; doch war er munter und gesprächig und amusierte sich mit joujoux und einem hölzernen Gewehrlein, das ihm Lux (der Sohn Vischers) gegeben hatte.» Für die Kinder des Hausherrn war der Umgang mit der königlichen Familie nicht ganz unproblematisch. Es wird berichtet, wie eine der Töchter den kleinen Sohn Napoleons gefragt habe: «Aimes-tu ton papa?», und darauf die Zurechtweisung entgegennehmen musste: «On ne tutoie pas les princes!»[74]
Zwanzig Jahre später hat ein anderer berühmter Gast am Rheinsprung recht bange Minuten erlebt: Im März 1838 logierte im Hotel «Drei Könige» der Herzog von Württemberg mit seiner Gemahlin, der **Prinzessin Marie von Frankreich**. Dieser hohe Besuch wurde besonders im angrenzenden Frankreich begeistert zur Kenntnis genommen: Die französische Garnison von Gross-Hüningen und die Bürgermeister der umliegenden Orte, geschmückt mit ihren Hoheitswürden, statteten den beiden illustren Gästen ihren Besuch ab, und die Blasmusik des Kavallerieregiments von Hüningen brachte vor dem Hotel ein Ständchen. Natürlich lockte das viele Neugierige herbei, welche sich die adeligen Herrschaften betrachten wollten, vor allem viele Kinder. Der Herzog beschloss nun, zusammen mit seiner Gattin zu Fuss zum Münster zu spazieren. Die Menge, angeführt von den Schulkindern, setzte sich mit dem vornehmen Paar in Bewegung. Die Kinder sprangen voraus und

Der Rheinsprung (links die alte Universität).

riefen: «Sie kemme, sie kemme!» Andere Kinder schrien der Menge hinterher: «Do gehn sie, do gehn sie!» Unter Jubeln und Johlen begab sich das Fürstenpaar möglichst rasch den Rheinsprung hinauf und versuchte, aus dem Gedränge und Geschrei herauszukommen. Ausgerechnet dort, wo der Rheinsprung am engsten ist, kam nun zum gleichen Zeitpunkt ein Schweinehirt mit seiner Herde der Menge entgegen. Eines der Schweine lief direkt auf die Herzogin zu, die erst noch schwanger war! Es gab ein furchtbares Gedränge, in welchem man Leute und Schweine nicht mehr auseinander halten konnte. Irgendwie gelangte man aber schliesslich doch noch zum Münsterplatz. Leider war da gerade die Schule aus, was dazu führte, dass noch viel mehr schreiende Kinder die Gruppe umkreisten, sodass die Herzogin im Münster erschöpft Platz nahm und ausrief: «C'est pire que dans un village!» Tags darauf berief die «Gesellschaft für das Gute und Gemeinnützige» eine ausserordentliche Sitzung ein, um darüber zu beraten, «... wie man der hiesigen so sehr verwilderten Jugend ihren Unfug steure und derselben endlich einmal Zaum und Gebiss anlegen könne».[75]
An der oben erwähnten engsten Stelle steht das breite, mächtige Gebäude der alten **Universität** (siehe Foto S. 73), in welchem seit 1460 die Studenten ein und aus gehen. Unterdessen sind die verschiedenen Fakultäten in der ganzen Stadt verstreut zu finden, aber bis ins 20. Jahrhundert hinein unterrichteten die vielen bedeutenden Professoren alle hier am Rheinsprung. Berühmte Namen findet man auch unter den Studenten. Zum Beispiel **Leonhard Euler** (1707–1783), einer der grössten Mathematiker des 18. Jahrhunderts, ist hier als Schüler und Student ein und aus gegangen. Einen Lehrstuhl hat Euler in Basel nicht erhalten, dafür fand er aber den Weg in die grosse, weite Welt: St. Petersburg, Berlin und wieder St. Petersburg waren seine Stationen. Er schrieb rund 900 Arbeiten über Mathematik, Physik, Astronomie und vieles mehr – Basel hat er nie mehr gesehen, aber den Basler Dialekt hat er Zeit seines Lebens nicht vergessen. Schon als kleines Kind zeigte sich sein Forscherdrang, hat doch der kleine Leonhard bereits Experimente gemacht: Man berichtet davon, wie er mit unendlicher Geduld versucht habe, ob es ihm gelänge, Eier auszubrüten![76] Die Kinder von heute brüten dafür über Algebra-Aufgaben, deren Entwicklung Leonhard Eulers Buch «Vollständige Anleitung zur Algebra» entscheidend beeinflusst hat.
Wir steigen nun links das Archivgässlein hoch, um zum **Martinskirchplatz** zu gelangen. Am Kirchplatz Nr. 2/3 befand sich im Mittelalter eine der Lateinschulen, an denen Knaben unterrichtet wurden. Kein Geringerer als **Huldrych Zwingli** hat hier als Achtzehnjähriger einige Zeit Latein unterrichtet. Interessant wird es aber auch nach der Reforma-

tion. Statt der bis anhin von den Kirchen und Klöstern betriebenen Schulen richtete man nun Gemeindeschulen ein. So entstand am Martinskirchplatz Mitte des 16. Jahrhunderts im Sigristenhaus die allererste **Mädchenschule**. Lehrer **Christoffel Wyssgerber** lehrte die Mädchen lesen und schreiben und sang mit ihnen die neuen deutschen Kirchenlieder, von denen er viele selber komponiert hatte. Der Unterricht erfolgte meist mündlich, es wurde viel vorgelesen und auswendig gelernt. Wyssgerbers Lohn war karg, und wie alle Lehrer war auch er zu einem Teil auf das Schulgeld der Mädchen angewiesen.
Für Kinder hat die **Martinskirche** einen ganz besonderen Aspekt aufzuweisen: Hier wird vom Turm aus die **Herbstmesse** eingeläutet. Der Mesmer, der die Glocke am Strick auch heute noch von Hand in Bewegung setzen muss, bekommt dafür nach alter Tradition einen Wollhandschuh, beim Ausläuten nach zwei Wochen erhält er den zweiten dazu. Diese Herbstmesse wird seit über 500 Jahren abgehalten (seit 1471). Während es früher eine Verkaufsmesse war mit einigen zusätzlichen Unterhaltungen, hat sie sich im Laufe der Zeit zur grossen Vergnügungsmesse entwickelt. Sie ist ein Ereignis, das jeweils im Herbst zwei Wochen lang das Gesprächsthema der Basler Kinder bildet, denn sie wird von allen begeistert besucht und lockt mit immer verrückteren Bahnen.
Die kleinen Kinder lernen jeweils über die Messe Lieder und «Värsli», das berichtet schon Goldschmied **Adolf Zinsstag**: Als kleiner Knabe ging er nämlich Ende des 19. Jahrhunderts hier am Martinskirchplatz Nr. 10 in den Kindergarten, in Basel auch «Häfelischuel» genannt. Mit

Eingang zum Café Schiesser am Marktplatz.

ihm gingen rund fünfzig kleine Mädchen und Knaben im Alter zwischen drei und sechs Jahren zur **Jumpfere Rotplätz**. Mit einem blauen Kittelmäntelchen, einem Täschchen, verziert mit einem Kätzchen, und mit einem Apfel als «Znüni» darin, marschierten die kleinen Knirpse die Treppe zum Martinskirchplatz hoch. Viel hat sich unterdessen nicht geändert, ausser dass die Bezeichnung nicht mehr aktuell ist. «Häfelischuel» hiess der Kindergarten nämlich, weil im Hausgang stets fein säuberlich in Reih und Glied eine ganze Anzahl von Nachttöpfchen (baseldeutsch «Häfeli») zu finden waren. Daneben standen meist auch ein paar kleine Kinder, geduldig wartend, bis die Kindergärtnerin Zeit fand, ihnen «s'Fudeli» zu putzen.[77]
Früher musste man bei den öffentlichen Brunnen Wasser holen. Der leise plätschernde Brunnen hier am Martinskirchplatz heisst **Sevogelbrunnen** (1531) wegen der imposanten Figur oben auf dem Brunnenstock, einem geharnischten Mann mit Schild und Lanze. **Henman Sevogel** fand 1444 in der Schlacht von St. Jakob den Tod, nachdem er an der Spitze der Mannschaft von Liestal und Waldenburg gegen die Armagnaken heldenhaft gekämpft hatte. Aus Henman Sevogels Kinderzeit weiss man, dass er seine Eltern früh verlor. Die Grossmutter **Margarethe Marschalk** kümmerte sich fortan um den Knaben. Der Bischof hatte der adeligen Familie das Erbamt der Stallmeister (Marschalke) verliehen. Der junge Henman brachte deshalb viel Zeit in den Ställen zu und liebte den Umgang mit den Pferden über alles. Später wurde er Landjunker auf Schloss Wildenstein im Baselbiet. Beim Betrachten des Geharnischten auf dem Brunnenstock fällt seine eindrückliche Pose ins Auge, und man freut sich an all den Details seiner liebevoll wiedergegebenen Rüstung. Die Figur ist aber kein Porträt von Sevogel, sie wurde im Volksmund so getauft, weil man seine Heldentaten nicht vergessen hatte. Der Verzweiflungskampf bei der Schlacht von St. Jakob war jahrhundertelang den Baslern in tiefer Erinnerung. Man vergass dabei auch nicht, dass der Graf von Thierstein damals zu den mörderischen Feinden gehalten hatte. Mit dem «bösen Thierstein» drohte man noch lange Zeit den kleinen Kindern in Basel und überbot sich mit Schauermärchen über ihn![78]
Der Sevogelbrunnen stand ursprünglich auf dem Marktplatz, wohin wir nun zum Schluss gelangen. Indem wir die steile Treppe abwärts streben, verlassen wir die alten Zeiten und werden durch das emsige Treiben, den Verkehr und den Lärm rasch wieder in die Gegenwart zurückversetzt.

Kinderrundgang II

Kinder vom 18. bis zum Anfang des 20. Jahrhunderts

Vom Spalentor via Missionshaus zum Petersplatz

Das mächtige **Spalentor** (Ende 14. Jh.) mit seinen dicken Mauern, dem Fallgatter mit den spitzen Pfählen und dem Vorwerk mit den vielen lustigen Figürchen macht auch heute auf jedes Kind einen nachhaltigen Eindruck. Im 18. und 19. Jahrhundert gehörte der Anblick der Stadttore zu den frühesten Kindheitserinnerungen, machte man doch mit Vorliebe den Sonntagsspaziergang «ums Tor».

Den Sonntag verbrachte man früher ganz im Kreise der Familie, man ging gemeinsam zur Kirche, man ass zusammen den Sonntagsbraten und begab sich auf einen Spaziergang – fein sonntäglich gekleidet, versteht sich. Hinter der Mauer, die jahrhundertelang die Stadt umgab, hatte man während des Dreissigjährigen Krieges Wälle aufgeschüttet, um mit der modernen Befestigungskunst mithalten zu können. Später waren daraus die wunderschönsten Promenaden entstanden, Spazierwege, die meist mit einer Baumallee versehen waren, wo es sich im Schatten der Bäume herrlich flanieren liess. Für die Kinder war es besonders spannend, wenn die mächtigen Bollwerke, die Petersschanze zum Beispiel, in Sicht kamen und zu einem Umweg zwangen. Natürlich durfte man in seinem Sonntagskleidchen nicht darauf herumklettern, die Kinder hatten gesittet neben den Eltern herzuspazieren. Aber mit etwas Fantasie konnte man die alten Mauern mit Soldatenkämpfen beleben oder mit Feen und Zwergen. Daneben konnte man in den grasbewachsenen, von Dornengestrüpp und Nesseln überwucherten Stadtgräben Hirsche und Rehe betrachten. Seit Beginn des 15. Jahrhunderts hegte der Rat dieses Wild in den Stadtgräben, damit er bei einem offiziellen Gastmahl Wildbretbraten auftischen konnte.

Für die Erwachsenen bot sich ein malerischer Blick auf die Stadt mit den vielen Kirchtürmen, die damals das Stadtbild beherrschten, oder auf die grösstenteils unverbaute Landschaft, die sich rings um die Stadt ausbreitete. An den Ausfallstrassen, die von den Stadttoren aufs Land hinaus führten, waren im Laufe der Zeit einige Häuser entstanden. Hier in der Nähe des Spalentors wurde 1860 das Missionshaus errichtet, seither trägt der Strassenzug den Namen **Missionsstrasse**. Wir verfolgen das Tramgeleise stadtauswärts und gelangen nach wenigen Minuten zu einem grossen Gittertor, das einen Park abschliesst und zum

Missionshaus führt (Nr. 21). Wir spazieren hinein, gehen durch den grossen Garten weiter bis ganz nach hinten und gelangen so zu einem quer stehenden Haus, dem «Kinderhus». Hier haben die vielen Missionskinder gewohnt, während ihre Eltern irgendwo in Afrika oder Indien tätig waren. Die Knaben und Mädchen waren natürlich getrennt untergebracht. Als die Basler Mission 1815 gegründet wurde, galt die Devise «der Missionar gehört der Mission und der Gemeinde an». Die Frauen waren anfangs gar nicht eingeplant – und schon gar nicht deren Kinder. Aber bald traten bei den Missionarsfamilien Probleme auf, die man anzugehen hatte. Unter anderem wurde klar, dass Kinder im Schulalter im Missionsfeld keinen rechten Schulunterricht bekommen konnten. Deshalb wurde in Basel ein Schulinternat, die «Missionskinderheimat», gegründet, um den Missionarskindern die bestmögliche Bildungschance zukommen zu lassen. Im «Kinderhus» wohnten die Kinder während ihrer Schulzeit. Wie schwer es den Müttern gefallen war, sich von ihren geliebten Kindern zu trennen, irgendwo im Busch zu leben und keine Nachrichten von ihnen zu haben, kann man sich kaum vorstellen. Und noch weniger, wie es den Kindern ums Herz war, die das Ganze kaum begreifen konnten. So schwer es auch war, die Frauen nahmen es auf sich. Man war bereit, Opfer zu bringen: «Unterm Creutz geduldig sein» gehörte zu den erwarteten christlichen Eigenschaften, ganz speziell für die Frauen.[79]

Zu den Missionskindern, die ohne ihre Eltern aufwachsen mussten, gehörte auch die Dichterin **Ida Frohnmeyer** (1882–1968). Sie war in Indien geboren und bei ihren Eltern aufgewachsen. Aber vom vierten Lebensjahr an wurde sie bei einer Tante in Basel untergebracht. Als diese das Kind umarmen wollte, rief das verzweifelte kleine Mädchen aus: «Don't touch me!» (Rühr mich nicht an!). Bei der Magd fand es schliesslich die Nestwärme, die es so schmerzlich vermissen musste. Erst mit dreizehn Jahren sah das Mädchen die Eltern wieder! Diese Jugenderinnerungen hat Ida Frohnmeyer später in einer grösseren Erzählung, «Die Magd Elise», verarbeitet. Das dichterische Werk Ida Frohnmeyers umfasst über dreissig kleinere und grössere Werke. Mit dem Wissen um ihre Kindheit liest man das folgende, wunderschöne Gedicht mit besonderer Andacht:

«Die Kinderhand

Das macht mich immer seltsam still,
wenn in die Hand, die schwer schon schlug,
die grosse Lasten hob und trug,
sich unbemerkt, ganz sacht und fein
ein Kinderhändchen stiehlt hinein.

Ich fühle, wie im sel'gen Traum,
dass alles klar und alles gut –
ich fühle einen Heldenmut
und möchte ringen heiss und hart
zu schützen dieses Händchen zart …

Und weiss doch, dass die kleine Hand,
die zärtlich sich in meine fand,
viel stärker ist als alle Welt,
weil Gott sie in der seinen hält.»[80]

Zu ihrer glücklichsten Zeit zählte Ida Frohnmeyer die Jahre, die sie bei der Familie Hesse zubringen durfte. Ida war fünfzehn – ihre Eltern hatten sich wieder einmal nach Indien begeben –, als sie nach Calw zu den Hesses übersiedelte. Mit dieser Familie ist sie immer verbunden geblieben, und auch wir wollen uns nun mit ihr beschäftigen.
«Wir teilen nun Freud und Leid mit der Basler Mission und das macht uns reich und glücklich, man liebt mehr, man betet mehr …», heisst es in einem Brief von **Marie Hesse**, der Mutter des berühmten Dichters Hermann Hesse. Im Jahre 1881 kam die Familie nach Basel, denn Johannes Hesse war als Herausgeber des Missionsmagazins ans Missionshaus berufen worden. Seine Familie kam mit, auch der kleine **Hermann Hesse** (1877–1962). Er war gerade vier Jahre alt und betrachtete die vielen Knaben im Kinderhaus mit Interesse: «Hier sind arg viele Buben im Haus und spielen und gnutschen im Hof. Es ist recht nett hier. Wir gehen aber heute in unser neues Haus und suchen wieder unsre alten Spielsachen. Ich huste ganz schrecklich, aber darf doch ausgehen. Der Doktor wollte meine Zunge sehen, aber ich habe sie ihm nicht gezeigt, und den bitteren Tee habe ich auch nicht getrunken», diktierte der kleine, vierjährige Hermann seiner Mutter in einem Brief an einen Vetter.[81] Das neue Haus, welches er erwähnt, stand am Müllerweg ganz nahe beim Schützenmattpark, wo es dem kleinen Hermann sehr gefiel. Allerdings zeigte sich sein Eigensinn nicht nur, wenn er dem

Doktor die Zunge zeigen musste. Auch seine Eltern versuchten meist vergeblich, seinen Trotz zu brechen: «Hermann geht in die Kinderschule; sein heftiges Temperament macht uns viel Not ...», schreibt Marie Hesse über den Sechsjährigen. Und einige Monate später meint der Vater: «So demütigend es für uns wäre, ich besinne mich doch ernstlich, ob wir ihn nicht in eine Anstalt oder in ein fremdes Haus geben sollten. Wir sind zu nervös, zu schwach für ihn, und das ganze Hauswesen ist nicht genug diszipliniert und regelmässig. Gaben hat er scheints zu allem: er beobachtet den Mond und die Wolken, phantasiert lange auf dem Harmonium, malt mit Bleistift und Feder ganz wunderbare Zeichnungen, singt wenn er will ganz ordentlich, und an Reimen fehlt es ihm nie.» Tatsächlich brachten die Eltern den kleinen Hermann für einige Zeit ins Kinderhaus der Basler Mission, und er durfte nur die Sonntage daheim bei seiner Familie verbringen! «Mit Hermännle, dessen Erziehung uns so viel Not und Mühe macht, geht es nun entschieden besser. Vom 21. Januar bis 5. Juni war er ganz im Knabenhaus und brachte bloss die Sonntage bei uns zu. Er hielt sich dort brav, aber bleich und mager und gedrückt kam er heim. Die Nachwirkung war entschieden eine gute und heilsame. Er ist jetzt viel leichter zu behandeln», schreibt Marie Hesse in ihr Tagebuch.[82] Vor diesem Knabenhaus stehen wir jetzt – doch die Erziehungsmethoden jener Zeit nachzuvollziehen, fällt schwer.

Nach fünf Basler Jahren kehrte die Familie Hesse dann wieder nach Calw zurück. Der kleine neunjährige Hermann plauderte damals Baseldeutsch und musste das Schwäbische erst wieder lernen! Aber die Erinnerungen an Basel scheinen für Hermann Hesse trotz allem gut gewesen zu sein, denn als junger Mann hatte er keinen anderen Wunsch, als wieder nach Basel zu kommen.

Wir verlassen nun das Missionshaus und die Familie Hesse, spazieren zurück zum Spalentor und gelangen, indem wir dort linker Hand durch den stillen, stimmungsvollen **Botanischen Garten** flanieren, zum **Petersplatz**. Seit jeher trafen sich Jung und Alt am Sonntag auf diesem Platz, um Spiel und Sport zu treiben. «Da Laufen, Ringen und Schiessen sie, da mustern sie die Pferd, pflegen zu laufen und zu springen. Etliche schiessen mit dem Bogen, etliche erzeigen ihre Kräfte mit Steinstossen; viele kurzweilen sich mit dem Balle»,[83] wird schon aus dem 15. Jahrhundert berichtet.

Besonders erwähnenswert ist der erste Turnunterricht, der hier abgehalten wurde: Der Turnlehrer **Adolf Spiess** erreichte mit viel Überzeugungskunst, dass von 1844 an neben dem Stachelschützenhaus (Nr. 10) ein Turnplatz mit einigen Geräten für Turnunterricht zur Verfügung

stand. Knaben und Mädchen vom neunten Altersjahr an wurden nun im Turnen unterrichtet. Damit ist der kleine Platz zum Geburtsort des Schulturnens geworden. Zweimal wöchentlich erteilte Lehrer Spiess auch den Mädchen Unterricht. Diese turnten sittsam in ihren hochgeschlossenen, gewöhnlichen Kleidern. Trotzdem hatte man gegen den Platz hin eine grün angestrichene Bretterwand aufgestellt, um die junge Schar vor neugierigen Blicken zu schützen![84] (Siehe Bild unten)
Wir wenden uns nach links, spazieren dem Botanischen Garten entlang bis zur Ecke, biegen dann nach links ab, um zum Haus **Bernoullistrasse** Nr. 18 zu gelangen, dessen verträumte Fassade mitten aus den modernen Bauten angenehm heraussticht. Hier wohnte Ende des 19. Jahrhunderts eine Familie, deren Kinder und Kindeskinder weltberühmt wurden: die Familie des Chemieprofessors Jules Piccard. Die Zwillinge **Auguste und Jean-Félix Piccard** sind berühmt geworden durch ihre Höhenrekorde im Ballonfliegen. Beide waren schlanke Knaben, trugen eine Mähne von blonden Locken und glichen sich wie ein Ei dem anderen. Als sie etwa vierzehn Jahre zählten, interessierten sie sich bereits sehr für Naturwissenschaften und die Luftfahrttechnik, aber es waren normale Buben voller Ideen für Streiche jeder Art. Lassen wir den Diplomaten, Historiker und Schriftsteller **Carl Jacob Burckhardt** erzählen: «Eine ihrer Heldentaten begeisterte den Kreis

Adolf Spiess: Das Turnmätteli auf dem Petersplatz 1845.

meiner Kameraden und mich selbst: Auguste oder Jean – ich weiss nicht mehr welcher von beiden – erschien mit seinem wehenden blonden Haarschmuck beim Coiffeur Mundinger an der Streitgasse und begann mit völlig ernstem Gesicht zu klagen, er leide an einer Krankheit, denn jedesmal, wenn man ihm die Haare schneide, wüchsen sie innerhalb von wenigen Minuten wieder nach. Herr Mundinger, der sachlich gesinnt war, sagte: ‹Larifari!› und machte seinem merkwürdigen Kunden einen sogenannten Rekrutenschnitt, das heisst er schor ihn mit der Maschine ratzekahl. Aber schon fünf Minuten nachher erschien genau derselbe, soeben Verunstaltete wiederum mit wehendem Haarbusch bei dem Haarkünstler und sagte: ‹Da sehen Sie, so steht es mit mir.› War derjenige, der die Überraschung, ja den Schreck aller Insassen des Frisiersalons geniessen durfte, Jean oder Auguste? Die Reihenfolge ist mir entfallen.»[85]

Später lebte Auguste Piccard als Professor in Belgien. Vielen Kindern ist seine Gestalt auch heute noch bestens bekannt, denn der belgische Cartoonist Hergé schuf in seinen Kinderbüchern «Tintin» («Tim und Struppi») die Figur des Professors Tournesol (Balduin Bienlein). Mit runder Brille, Schnauz und Schirm versehen, soll Piccard ihn zu dieser Figur inspiriert haben.

Der Zwillingsbruder Jean-Félix übertraf übrigens später den Höhenrekord von Auguste um runde 600 Meter. Aber die Rekorde sind noch lange nicht alle aufgezählt. Der Vollständigkeit halber sei erwähnt, dass der Sohn von Auguste, **Jacques Piccard**, einen Tiefenrekord (10 916 Meter unter dem Meeresspiegel) aufstellte, und dessen Sohn **Bertrand Piccard** wiederum hat vor kurzem als Erster im Ballon die ganze Welt umrundet.

Bei so vielen Rekorden hat sich der kurze Abstecher gelohnt, nun kehren wir wieder um und streben zurück bis zum glanzvollen Rokokobau am **Petersplatz**, dem **Wildt'schen Haus** (Nr. 13). Die schwungvolle Mittelpartie mit dem fein geschmiedeten Balkongitter und der Blumengirlande über dem Portal wirkt vornehm zurückhaltend, wie sich das für ein typisches Basler Haus gehört. Trotzdem mangelt es nicht an Pilastern und Skulpturen, die vor allem bei den Kutscheneinfahrten rechts und links zu entdecken sind und den französischen Kunstgeschmack verraten. Der Erbauer des prachtvollen Hauses, der Seidenbandindustrielle Jeremias Wildt, hatte aber nicht die Absicht, hier Wohnsitz zu nehmen. Er selber ziehe niemals in solch einen goldenen Käfig, liess er verlauten.[86] Das Haus sollte für seine Tochter **Margarethe Wildt**, sein einziges Kind, als Hochzeitsgabe dienen. Bei der Fertigstellung des Hauses im Jahre 1763 war Margarethe allerdings gerade erst acht Jahre alt! Nun heiratete man damals sehr früh, sechzehnjährige Bräute waren keine Seltenheit. Aber als Margarethe dann im heiratsfähigen Alter stand, suchte der Vater geduldig nach dem ihm angemessen erscheinenden Ehemann. Väter pflegten dies nach rein soliden Gesichtspunkten zu entscheiden, die Töchter hatten wenig dazu zu sagen. Man war davon überzeugt, dass für das Glück der Mädchen am besten gesorgt war, wenn man einen wohl situierten, sittlich einwandfreien Gatten auswählte. Gehorsam fügten die Töchter sich damals der Wahl des Vaters. «Jumpfere, kum Sie heim, Sie isch e Bruut!», lauteten die entsprechenden Worte, die den jungen Töchtern den Brautstand kurz und bündig ankündigten.[87] Nun, Vater Jeremias Wildt überlegte sich die Sache gründlich. Margarethe war bereits 23 Jahre alt, als ihr Daniel Burckhardt als passender Gemahl präsentiert wurde. Nun endlich wurde das stilvolle Haus bezogen, und das Paar wohnte darin, bis Margarethe im Alter von 65 Jahren starb.

Vom Petersplatz zum Spalenberg

«Wie ne freie Spatz uffem Peters Platz, flieg i um, und 's wird mer wohl, wie im Buebe-Kamisol», heisst es im berühmten Gedicht «Z'Basel an mim Rhy» von **Johann Peter Hebel** (1760–1826). Im Kamisol, seinem Hemdchen, ist der kleine Johann Peter auf dem Petersplatz oft herumgesprungen, ging er doch in der Petersschule zum Unterricht. Die Schulräume befanden sich neben der **Peterskirche** in den ehemaligen Stiftsgebäuden, die leider die Jahre nicht überdauert haben. Wir finden aber Hebels schlichtes Denkmal, das vor der Kirche steht, in welcher er 1760 auch getauft worden ist. Seine Kinderzeit war, trotz der fröhlichen Worte im Gedicht, nicht sorgenfrei. Der Vater starb, als der kleine Johann Peter gerade erst ein Jahr alt war. Die Mutter musste ihren Buben nun alleine aufziehen. Jeweils während der Sommermonate diente sie bei der Familie des Obersten Iselin in dessen Sommersitz an der Neuen Vorstadt (heute Hebelstrasse); die Wintermonate verbrachte sie mit Johann Peter zusammen in ihrem Heimatdorf im Wiesental, in Hausen. Die verschiedenen Lebensarten – einerseits die grosse, vornehme Stadt Basel und andererseits das schlichte, ländliche Leben – lernte Johann Peter mit all den Vor- und Nachteilen gründlich kennen: «Ich habe früh gelernt alles zu haben und nichts zu haben ...», schreibt er später darüber. Die gegensätzlichen Eindrücke des Stadt- und des Landlebens sind auch in seinen Gedichten immer wieder herauszuspüren, wobei man gerade das stille, friedlich Betrachtende besonders liebt.
Wir spazieren rechts an der Peterskirche vorbei und freuen uns beim Weitergehen an den reizenden Figuren, die in den ebenerdig ange-

brachten Fenstergittern des sonst nicht sehr ansprechenden Petersschulhauses zu entdecken sind. Gegenüber der Chorpartie der Kirche stehen wir vor dem **Marthastift** (Nr. 1), einem stattlichen, mittelalterlichen Bau mit einem malerischen Dachaufzug. **Christian Friedrich Spittler** (1782–1867) hat hier eine Stiftung gegründet für betagte Mägde, aber auch für stellenwechselnde und Arbeit suchende Dienstboten. Spittler war ein typischer Vertreter des Pietismus, der in Basel im 19. Jahrhundert in weiten Kreisen Beachtung fand. Vor allem Frauen eröffnete diese Erweckungsbewegung die Möglichkeit, sich öffentlich zu äussern. Bis anhin hatte eine Frau – nach Paulus' gewichtigen Worten in der Bibel – zu schweigen in der Gemeinde. Nun aber war es ihr möglich, an den Versammlungen und in den Erbauungsstunden das Wort zu ergreifen, obwohl das immer noch in erster Linie Männer taten. «Ich habe Versammlungshalter gehört, die nichts Unrechtes vortrugen und ich danke Gott dafür, dass es solche Männer gibt. Aber für meine Person sind doch ihre Reden zu breit und ihre Gebete zu lang. Es kommt mir alles so bodenlos und weitschweifig vor. Dann kann ich mich auch oft nicht erwehren, zu denken: Diese Leute hören sich selbst gerne reden.» Diese prägnanten Worte stammen von einer einfachen Näherin, **Elisabeth Schober** (1765–1847).[88] Viele Frauen schrieben in jener Zeit ihre Lebensgeschichten auf, so auch Elisabeth Schober. Sie dachte dabei an ein Lehrbuch für Dienstboten nach den religiösen Werten des Pietismus.

Für die Kinder gehörten die dienstbaren Geister eines guten Basler Hauses zu den wichtigen Bezugspersonen. Von klein an wurde man dazu angehalten, alle Bediensteten anständig zu behandeln. Wehe, wenn man der Marie nicht den nötigen Respekt entgegenbrachte! Die Dienstboten waren integriert in den grossen Haushalt und hatten viele wichtige Pflichten zu erfüllen. Das Reich des Kutschers mit Stall und Remise war für die Kinder natürlich ein besonderer Anziehungspunkt. Man konnte beim Füttern der Pferde, dem Beschlagen der Hufe und dem Schmieren der Wagenräder zusehen. Männerkräfte waren in einem vornehmen Basler Haus stets erforderlich. Nicht zufällig fängt ein altes Leckerlirezept mit den Worten an: «Man nehme einen starken Hausknecht ...»[89]

Die **Stubenmagd** hatte unter anderem die besondere Aufgabe, gleich nach der Geburt eines Kindes «das Buschi ansagen» zu dürfen, das heisst, allen die freudige Nachricht zu übermitteln. Sie trug dabei einen schlichten, schwarzen Rock mit einer grossen, weissen Schürze darüber sowie eine schwarze Jacke. Sie musste nach einer Liste streng der Reihe nach vorgehen, von den Grosseltern angefangen bis hin zu den

Freunden des glücklichen Elternpaares. Alle, denen das Kind angesagt worden war, erkundigten sich in den nächsten Tagen nach Mutter und Kind, aber erst nach vierzehn Tagen durfte die Wöchnerin Besuch empfangen. So lange musste sie absolute Ruhe pflegen!
Die Kinder hingen besonders an ihrer **Kindsmagd**. Es entwickelte sich automatisch ein besonderes Verhältnis zu ihr, war diese doch meist jahrelang in der gleichen Familie tätig und damit in einer Art Vertrauensstellung. Es waren oft Prachtsgestalten, denen die Kinder auch einen guten Teil ihrer Herzensbildung verdankten. Die Kindsmagd unterstützte die Mutter ganz wesentlich. In einer Hausordnung von 1840 finden wir ihren Tagesablauf minutiös festgelegt. Die Magd musste von morgens früh an die Kinder versorgen, aber gleichzeitig in jeder freien Minute noch im Haushalt mit leichteren Handreichungen helfen. Den ganzen Tag lang war sie beschäftigt und auch abends mit der Arbeit keineswegs fertig: «Wenn die Kinder zu Nacht gespeist haben, werden sie zu Bette gebracht, vorher aber recht mit kaltem Wasser gewaschen das Gesicht, Hals, Arme u. besonders auch der ganze Rücken … Von Zeit zu Zeit werden die Kinder gebadet. Die Nägel müssen allen am Freitag abgeschnitten werden. Wenn die Kinder im Bette sind, werden Kleinigkeiten an ihren Kleidern angenäht u. die Schuhe geputzt. Bis um 10 Uhr im Sommer u. halb 11 Uhr im Winter darf sie das Licht brennen. Alle 8 Tage fegt sie die Kinderstube …»[90]
Zu den wichtigen Personen im Leben eines Kindes gehört auch die Grossmutter, und von einer solchen wollen wir nun etwas hören. Wir spazieren dazu nach rechts zum **Nadelberg** und dem Haus Nr. 3 «Zum Rosenfels» mit seiner eleganten Rokokotüre. Hier wohnte im 19. Jahrhundert die Grossmama von Jacob Burckhardt, Frau **Maria Magdalena Schorndorff-Iselin** (1760–1832). Eine ihrer vier Töchter hatte den Pfarrer Jakob Burckhardt geheiratet, und deren viertes Kind war der heute berühmte Kulturhistoriker **Jacob Burckhardt**. Der kleine «Keebi» besuchte seine Grossmama am Nadelberg sehr gerne und schrieb ihr bereits mit fünf Jahren ein reizendes Brieflein, das erhalten ist: «Liebste Grossmama, ich habe Ihnen nur melden wollen, dass ich gesund bin. Ich wünsche Ihnen ebenfalls Gesundheit, einen reichen Herbst und mir viel süsse Trauben.»[91] Wahrscheinlich hat Jacobs Grossmama ihren Enkel auch mit anderen Köstlichkeiten erfreuen können, hat sie doch eine Kochrezeptsammlung angelegt, sorgfältig von Hand geschrieben. Erst vor kurzem wurde diese Sammlung in einer Küchenschublade in einem Chalet im Berner Oberland aufgefunden. Die Rezepte kann man ausprobieren, denn sie wurden neu herausgegeben unter dem Titel «So kochte Jacob Burckhardts Grossmutter».[92]

Besuche bei der Grossmutter wurden in den Basler Familien regelmässig gemacht, meist am Sonntag, manchmal auch an einem bestimmten Nachmittag der Woche. Das war immer ein besonderer Festtag, denn es standen stets ein paar Süssigkeiten oder gedörrte Apfelschnitze bereit, und man durfte die viel geliebten Spielsachen hervorholen: Bilderbücher und Märchenbücher, Zusammensetzspiele, Puppenstuben, Bauklötze und Zinnsoldaten. Natürlich wurde erwartet, dass man sich möglichst brav und gesittet benahm – soweit das beim Spielen nicht in Vergessenheit geriet. Mittendrin stand die Grossmama. Sie verlor nie ihre Ruhe und freute sich über ihre Enkelschar.
Wenn der kleine Jacob Burckhardt zum Haus seiner Grossmama kam, bestaunte er sicher jeweils den grossen, bezaubernden Engel (siehe Foto S. 87), der gegenüber an der Hausecke des «Engelhofs» auch heute noch von hoch oben feierlich auf die Gasse herunterblickt. Der Dachhimmel des folgenden Hauses (Nr. 6) mit dem gemalten Sternenhimmel dürfte den Kindern ebenfalls einen Blick wert gewesen sein, falls sie nicht anderweitig beschäftigt waren. Ballspiele, Fangspiele und Hüpfspiele wie «Himmel und Hölle» wurden mit Eifer betrieben und mit Abzählversen ausgeschmückt. Und kein Auto störte das Spiel!
Vermutlich sind im 17. Jahrhundert die Kinder **Jacob und Johann Bernoulli** hier herumgesprungen. Im Haus Nadelberg Nr. 15/17 wohnte nämlich die Familie, in der so viele bedeutende Mathematiker zu finden sind, dass sie nummeriert werden mussten: Jacob I. und Johann I., dann die Kinder von Johann als Niclaus II., Johann II. und Daniel Bernoulli, und schliesslich noch die Söhne von Johann II.: Jacob II. und Johann III. Nicht ohne Reiz ist der Gedanke, dass Jacob I. seinen um zwölf Jahre jüngeren Bruder Johann I. schon sehr früh in die Mathematik einführte, nicht ahnend, dass er sich damit gleichzeitig einen starken Konkurrenten heranzog. Die beiden waren ungleiche Brüder. Jacob war eigenwillig, langsam und gründlich vorgehend, Johann erfasste unheimlich rasch ein Problem und überraschte oft mit einer eleganten Lösung, die aber nicht immer richtig war und somit manchmal doch Jacob als Sieger aus einem Wettbewerb hervorgehen liess. Die zahlreichen Entdeckungen der Bernoullis können hier gar nicht aufgezählt werden. Die Korrespondenz der Familie wird in der Universitätsbibliothek sorgsam aufbewahrt und umfasst etwa 7500 Briefe. Die Bernoullis hatten nämlich die Gewohnheit, ihre Briefe zu kopieren, was man damals nur durch Abschreiben bewerkstelligen konnte. Deshalb gaben sie die Briefe jeweils ihren Kindern zum Kopieren! Ob diese wohl beim Abschreiben gleichzeitig lernten und zur Mathematik angeregt wurden?[93]

Engel (Ende 15. Jh.) am Engelhof, Nadelberg Nr. 4.

Gemütlich wandern wir weiter den Nadelberg entlang bis zum **Spalenberg** mit seinen vielen kleinen, ansprechenden Geschäften. Hier spazierte im 19. Jahrhundert jeweils auch der «**Eselima**» vorbei. Der Eselhalter wohnte am Heuberg und führte seine Eselinnen frühmorgens den Spalenberg hinunter und vor die Häuser der Kunden, wo er seine Tiere molk, damit das Produkt ganz frisch zu den Abnehmern gelangte. In der ganzen Stadt wartete man auf ihn, denn Eselsmilch wurde damals äusserst geschätzt zur Behandlung von Magenleiden und vielem mehr.[94] Die Milch war nicht billig, vier Franken kostete der Schoppen, aber die Kundschaft setzte sich auch aus wohlhabenden Leuten zusammen. So gehörten Christoph Merian und auch Isaak Iselin zu den Abnehmern. Für die Kinder war das Betrachten der reizenden Tiere mit ihren grossen Ohren und dem samtenen Blick jeweils eine grosse Freude, und sie sprangen dem Eselima entgegen und begleiteten ihn den Spalenberg hinunter. Nach dem Tod des Eselhalters führte seine Witwe, eine robuste Frau aus dem Schwarzwald, das Geschäft weiter. Bald war ihr aber die Arbeit zu anstrengend, und so stellte sie einen Knaben aus der Nachbarschaft an, der sich gerne einen Batzen verdiente. Er musste allerdings sehr früh aufstehen, denn er hatte anschliessend zur Schule zu gehen – er kam auch nicht immer pünktlich dort an, weil die guten Tiere öfters halsstarrig stillstanden oder sich gar auf dem Boden wälzten. Der Lehrer musste sich wohl an diese besondere Entschuldigung fürs Zuspätkommen gewöhnen …

Langsam abwärts wandernd, entdeckt man am Haus «Zum Wolf» (Nr. 22) wunderschöne Jugendstilsgraffiti von **Burkhard Mangold**. Hier war ein Spezereiwarenladen untergebracht, wie man den Bildern entnehmen kann: Frauen und Männer der verschiedenen Erdteile ernten und verpacken Früchte, ein Indianer das Zuckerrohr, eine Chinesin den Tee und so fort. «Oele und Südfrüchte, Zucker, der Thee, der Kaffee», steht angeschrieben. Kaffee gehörte zu den neu entdeckten Modegetränken des 18. Jahrhunderts. Die Damen tranken ihn aus den wunderschön bemalten Porzellantassen, die man aus Meissen, Höchst und Ludwigsburg bezog und die man heute im **Kirschgartenmuseum** bewundern kann. «In den Eydgenössischen Städten der Schweiz ist das Caffee nicht so bald bekannt, und anfänglich von denen Medicis den Krancken angerathen und gebraucht worden. Anjetzo aber, da fast durchgehends, sonderlich bey dem passionierten Frauenzimmer das Caffeegetränke in einen täglichen Missbrauch kommen, und daher viele sich allerhand kränckliche Zufälle zuziehen, haben die Herren Ärzte viel mehr Ursache, mancherley kräncklichen Personen den Caffee zu verbieten», wird berichtet.[95] In der nahen Schneidergasse gab es sogar ein Kaffeehaus, wo die zahlreichen Gäste (nicht nur «Frauenzimmer») von einer Schar halbwüchsiger Kaffeejungen bedient wurden. An Knabenbedienung hielt die Obrigkeit strikte fest, denn man war der Ansicht, dass der Genuss des fremdartigen Getränkes an und für sich schon etwas Sittenverderbendes sei – da konnte man nicht auch noch Mädchen servieren lassen![96] Auf der Landschaft verbot man das Kaffeetrinken kurzerhand. Aber die Bauern wussten sich zu helfen: Man hielt sich an das Verbot, man trank keinen Kaffee, aber man ass ihn mit dem Löffel – aus Tassen, in die man Brotstückchen eingebrockt hatte ...

Vom Spalenberg zum Steinenberg

Wo heute das Hotel Basel steht, befand sich Anfang des 16. Jahrhunderts eine Werkstatt des Malers Herbster, bei dem die beiden Brüder **Hans und Ambrosius Holbein** tätig waren, als sie in jungen Jahren nach Basel kamen (1515). Hans Holbein verdanken wir das wohl schönste Familienbild eines Künstlers: Seine Frau und seine beiden Kinder hat er 1528 in einem berührenden Gemälde festgehalten, welches heute im **Kunstmuseum** zu bewundern ist (siehe Bild auf S. 91). Beim Betrachten der Mutter mit den zwei Kindern weiss man nie, ob man sich mehr über das reizende kleine Mädchen mit dem winzigen Zöpfchen oder über die Wärme und innige Vertrautheit freuen soll, die aus dem Bilde spricht.
Spuren eines anderen Malers, der nach Forschungen sogar ein Nachfahre Holbeins[97] sein soll, finden wir, indem wir durch die Hutgasse nach unten zum Marktplatz spazieren und uns nach rechts wenden, um alsbald an der Hauswand eines modernen Warenhauses an der **Gerbergasse** (Nr. 4) eine grosse Tafel zu entziffern: Hier wurde am 16. Oktober 1827 der berühmte Basler Maler **Arnold Böcklin** geboren. Böcklins Eltern scheinen grosse Verehrer von Schiller gewesen zu sein, denn sie gaben all ihren acht Kindern Namen aus dem «Wilhelm Tell». Als Namensgeber des dritten Kindes diente Arnold von Melchtal. Früh schon wurde Arnold Böcklins künstlerisches Talent erkannt. Sein Wunsch, sich ganz der Kunst zu widmen, stiess jedoch auf den harten Widerstand des Vaters. Für diesen war der Weg seines Sohnes längst vorgezeichnet, er sollte in seine Fussstapfen treten und Kaufmann werden. Zudem vertrat er den Standpunkt, es gebe schon genug hungernde Künstler. Es dauerte lange, bis es den vereinten Bemühungen von Arnolds Zeichenlehrer Kelterborn, seinem Deutschlehrer Professor Wil-

helm Wackernagel und der Mutter gelang, den unnachgiebigen Vater umzustimmen. Schliesslich stellte er nur noch die Bedingung, dass Arnold nicht in die lockeren Künstlerkreise von München, sondern nach Düsseldorf zum Studium ziehen solle, wo man nach Ansicht des Vaters strenger zum Arbeiten angehalten werde.

Schräg gegenüber sticht ein eindrucksvoller, neogotischer Bau ins Auge, das **Zunfthaus zu Safran**, erbaut von Adolf Visscher van Gaasbeek (1902). Für Kinder hatte der Besuch der Zunfthäuser manchmal einen ganz speziellen Reiz: Es wurden nämlich hin und wieder seltene wilde Tiere zur Schau gestellt, zum Beispiel ein Löwe, ein Pelikan, ein Vogel Strauss oder gar «ein lebendiger Renoceros oder Nashorn». Bis zur Gründung des Zoologischen Gartens (1874) waren wilde Tiere eine grosse Sensation; man konnte sie speziell während der Herbstmesse sehen, wo sie auf grosses Interesse stiessen. Einen bunt gekleideten Affen auf einem Kamel reitend, einen dressierten Elefanten, der acht Männer auf dem Rücken tragen und dabei erst noch mit dem Rüssel eine Pistole abdrücken konnte, bestaunten Kinder und Erwachsene gleichermassen. Meist geschahen diese Zurschaustellungen auf höchst leichtsinnige Art und Weise, denn man war sich der Gefährlichkeit der wilden Tiere viel zu wenig bewusst. Ein schauerliches Unglück geschah 1625 im Haus der **Safranzunft**, als in einem hinteren Schopf ein Löwe ausgestellt wurde. Das wilde Tier war nur wie ein Hofhund an einer Kette angebunden. Es fiel prompt einen Knaben an und hat ihn «mit seinen grausamen Clawen erwitscht, grimmiglich zu und under sich gerissen und mit seinen vier grössten Stockzehnen den Kopf, das Angesicht und bey dem Genick durch die Hirnschalen gebissen und durchgetruckt».[98] Beherzte Zuschauer versuchten, den Knaben zu retten, andere wiederum sprangen vor lauter Angst hinten zum Fenster hinaus in den damals noch offen vorbeifliessenden Birsig. Trotz der mutigen Rettungsversuche erlag der Knabe seinen schweren Verletzungen.

Wir spazieren weiter durch die **Gerbergasse** Richtung Barfüsserplatz. Wie der Name zeigt, wohnten hier einst hauptsächlich die Gerber. Davon berichtet **Adolf Zinsstag**, dessen Haus (Nr. 45) an der Ecke des kleinen **Pfluggässlein**s steht, das einst mit einem Brücklein über den Birsig zur Freien Strasse hinüberführte. Wir schlendern dieses Pfluggässchen entlang und bemerken gleichzeitig, wie tief die Parzellen früher waren. Die Häuser waren schmal, aber sehr tief, oder sie bestanden aus Vorder- und Hinterhaus. Auf jeden Fall reichten die Parzellen jeweils bis zum Birsig, der bis Ende des 19. Jahrhunderts offen durch die heutige Falknerstrasse floss. Im Hausteil gegen den Fluss hin gab es eine Holzlaube, auf der sich «s'Privat», das heisst

Familie von Hans Holbein d. J. (1528), Bild im Kunstmuseum in Basel.

die Toilette befand, deren Abflussrohr in den Birsig mündete. Es gab Häuser, bei denen der Zugang zu diesem stillen Örtchen durch die Wohnung ging. Das bedeutete, dass die Bewohner der anderen Stockwerke durch die Stube und Küche der Nachbarn wandern mussten, wenn sie auf diese Laube gelangen wollten – geniert hat man sich nicht gross, und die Familie gewöhnte sich auch daran, dass jeweils beim Frühstück die übrigen Bewohner mit Nachthafen oder Eimer vorüberspazierten!

Bis 1888 floss der Birsig offen durch die heutige **Falknerstrasse**. Für die Buben war es besonders spannend, vom Keller der Häuser mit Hilfe einer Leiter ins Birsigbachbett zu gelangen. «Für uns Buebe isch es e einzig Paradys gsi»[99], schreibt Zinsstag. Immer wieder konnten sie etwas Besonderes entdecken, denn die Tischtücher wurden über dem Wasser ausgeschüttelt und vieles auf diesem Wege «entsorgt». Daneben spazierten Hühner auf einer kleinen Insel umher, Enten schwammen vorüber, und manchmal erschreckte die Kinder auch eine Maus oder gar eine Ratte.

Die Erkenntnis, dass die schlechten sanitären Bedingungen die Epidemien förderten, führte schliesslich dazu, dass man den Birsig unter den Boden verlegte, die Aborte alle abriss und eine Kanalisation erstellte. Damit wurden zu Beginn des 20. Jahrhunderts auch die meisten Fassaden an der Falknerstrasse neu gestaltet. Mit der Verbesserung der Lebensumstände hatte sich auch die Lebenserwartung deutlich erhöht und ein neues Lebensgefühl machte sich breit. In der Steinenvorstadt entstand «Küchlin's Variété-Theater», hier in der Falknerstrasse (Nr. 7) öffnete 1907 das erste Kino der Stadt seine Tore. Der Name «Fata Morgana» liess der Fantasie freien Lauf, ebenso das Inserat in den Basler Nachrichten: «Reichhaltiges Programm. Unterhaltend! Belehrend! Humoristisch! Phantastisch! Eintritt jederzeit ...» Der Eintrittspreis betrug damals für Erwachsene 1 Franken, für Kinder 50 Rappen, und über dem Eingang stand der Hinweis «deutsch gesprochen und gesungen», da ja Stummfilme gezeigt wurden.[100]

Wir spazieren nach rechts weiter bis zur reich bebilderten Fassade des Hauses Nr. 33. Die Malereien mit den stolzen Figuren und ihren verschiedenen, prachtvollen Hüten hat **Otto Plattner** 1951 gemalt für die «Chapellerie Weiss». Ganz oben entdeckt man zudem einige reizende kleine Kinder, die ins Spiel vertieft sind. Über 100 Jahre lang war in diesem Haus ein Hutgeschäft untergebracht, und immer wurde es von derselben Familie Weiss betreut, hauptsächlich von Frauen. 1877 hatte Emanuel Weiss hier begonnen, Hüte und Mützen zu verkaufen. Seine Witwe führte das Geschäft weiter, tatkräftig unterstützt von ihren

Kindern, von denen **Lilly Weiss** (1884–1957) rund ein halbes Jahrhundert lang hier tätig war. Sie hatte von sämtlichen Kunden die Kopfweiten im Gedächtnis!

Wir folgen weiter dem Tramgeleise, überqueren den **Barfüsserplatz** und gehen zum Hauptanziehungspunkt für Kinder der heutigen Zeit, dem ersten McDonald's in Basel. Gleich daneben führt der **Kohlenberg** aufwärts. An diesem steilen Strassenzug herrschte früher im Winter reger Betrieb, gehörte der Kohlenberg doch zu den beliebtesten Schlittelbergen der Stadt. «Weder Jung noch Alt soll an dheinen bergen in der Statt ussgenommen an dem Kohlenberg weder uff slitten, leitteren noch andern dingen faren noch sliffen»[101], lautet eine Verordnung des Rates von Basel aus dem Jahre 1506. Bis vor 100 Jahren waren die Winter in Basel wesentlich kälter und schneereich. Auch wenn draussen Stein und Bein gefroren war, hielten sich die Buben nicht in den engen Stuben auf, sondern stoben mit ihren Schlitten durch den Schnee oder belustigten sich mit Schleifen auf dem Eis. Das Schlittschuhfahren kam erst im 19. Jahrhundert in Mode. Dann wurde die Claramatte im Kleinbasel gewässert, zur Freude der Jugend. Nach vier Wintern allerdings musste dieses Vergnügen auf die Schützenmatte verlegt werden, denn die Anwohner rund um die Claramatte hatten sich – man wird an die Gegenwart erinnert – über den Lärm beklagt …

Wir steigen nun den Kohlenberg aufwärts, wenden uns aber nach wenigen Metern nach links und gelangen ins unscheinbare **Steinenbachgässlein**. Durch dieses floss früher ein kleiner Gewerbekanal, ein vom Birsig abgeleitetes Bächlein. Grosse Dinge haben sich hier nicht zugetragen; trotzdem gehört dieses bescheidene Gässchen zu den frühesten Kindheitserinnerungen eines Nobelpreisträgers: Der Schriftsteller **Carl Spitteler** (1845–1924) schildert einige aufregende Minuten in diesem Gässchen in «Meine frühesten Erlebnisse»: «In diesem Gässlein nun durfte ich mich aufhalten wie in einer Wohnstube. Offenbar traute man mir nicht die Kraft zu, mich unversehens zu entfernen. Zum Überfluss wurde mir eingeschärft, mich weder bis zur Strasse hinunter, noch bis zum Bächlein hinauf zu vergehen.» Natürlich eroberte der neugierige, kleine Knirps seine Umgebung und fand alsbald den Heimweg nicht mehr: «In fieberhafter Aufregung floh ich abwärts. Da sprang mit einem Satze das Gässlein auseinander: statt an die Haustür, gelangte ich in den weiten Sonnenrachen der Strasse, umschwirrt von wilden Menschen, welche wie unsinnig hin und her rannten. Verloren! endgültig verloren! Aus diesem wilden Gewühl, aus dieser gelben, gleissenden Tageswüste finde ich mich nie mehr zur Tante Gotte zurecht»[102], berichtet Spitteler.

Nehmen wir denselben Weg: Beim Weitergehen stossen wir bald auf die Treppe, die zum «wilden Gewühl» der belebten **Steinenvorstadt** hinunterführt. Wir befinden uns nun im Steinenquartier. Es hat seinen Namen von den Steinen, die der Birsig hier einst ablagerte, bevor er in einem Tunnel unter der Stadt hindurch geleitet wurde. Diesen Teil der Stadt hat man früher aber auch gerne als «Reich der Nazarener» bezeichnet. Zu dieser Namensgebung trug ein Pfarrer bei. Er las nämlich in der Unterrichtsstunde in der Bibel die Stelle Matthäus 2,23 über den Nazarener, den Messias, der aus Nazareth kommen würde. Um den Kindern diese verächtlichen Worte besser verständlich zu machen, erklärte ihnen der Pfarrer, das wäre etwa das Gleiche, wie wenn man in Basel behaupten würde, der zukünftige Bürgermeister käme aus dem Steinenbachgässlein! Diese Worte machten bald die Runde, und die Bewohner des Steinenquartiers waren tief beleidigt. Schliesslich liessen sie sich aber überzeugen, dass es ja eigentlich eine Ehre wäre, und führten danach den Übernamen «Nazarener» ohne Murren.[103]
Wir bleiben noch etwas bei Pfarrherren, wenden uns nach links und wandern wieder zum Barfüsserplatz zurück, machen aber beim Haus Steinenvorstadt Nr. 6 «Zum schwarzen Rad» einen Halt. Hier wuchs **Hieronymus d'Annone** (1697–1770) auf, ein bedeutender Prediger und Pietist, der in seiner Bubenzeit ebenfalls viele Eindrücke sammelte im Steinenquartier. So berichtet er in seinen Jugenderinnerungen davon, wie er als Dreijähriger die Treppe hinuntergestürzt sei: «Alle Zähne hatte ich mitsamt den Wurzeln durch den Sturz verloren, und es war der Ärzte Meinung, dass sie nimmer kommen würden. Gott hat mir aber einige Jahre darauf wiederum andere geschenkt.» Eindrücklich sind auch die Schilderungen einer Gewitternacht, bei der der Birsig innerhalb weniger Minuten die Steinenvorstadt überschwemmte und die Familie d'Annone sich auf den Kohlenberg hinauf retten musste. Den Erziehungsgrundsätzen getreu brachte man den kleinen Knaben dann aber wieder ins Haus zurück, obwohl das Wasser erst langsam am Abfliessen war, «damit ich solcher Geschicht lebenslänglich gedenken möcht», schreibt d'Annone.[104]
Zu diesem unzimperlichen Anschauungsunterricht gehörte in früheren Jahrhunderten auch das Zusehen bei Hinrichtungen. Immer wieder liest man davon, dass man Kinder extra zum Richtplatz führte, um ihnen mit aller Deutlichkeit zu zeigen, was sie bei einem schlechten Lebenswandel erwarten würde. **Felix Platter** berichtet davon, wie er als neunjähriger(!) Knabe mit seinem Vater einer Hinrichtung beigewohnt habe, und beschreibt die verschiedenen Martern des Verurteilten: «Darnach furt

man ihn hinus zum hochgricht. Do wardt er gar schwach und voller gerunnes bluts auf den henden, also das er stetz sanck, enthauptet, darnoch in ein grab doselbst geworfen und im ein pfol durch den leib geschlagen, wie ich selbs gesechen hab, dan mein vatter mich an der handt hinausfurte.»[105] Der Weg hinaus führte durch die Steinenvorstadt, zum «Kopfabhaini», einer der Richtstätten. Sie befand sich etwa an der Stelle, wo sich heute der Parkplatz vor dem Eingang zum Zoologischen Garten erstreckt. Die letzte Hinrichtung in Basel wurde im Jahre 1819 vollzogen und soll von 20000 Zuschauern mitverfolgt worden sein.
Wenden wir uns zum Schluss wieder erfreulicheren Dingen zu: Vom Barfüsserplatz aus, vorbei am reizenden **Puppenhausmuseum** mit den vielen verlockenden Spielsachen früherer Zeiten, spazieren wir den **Steinenberg** hinauf. Wir gehen bis zum Haus Nr. 4/6 auf der linken Seite, dem ersten Schulhaus, das die Stadt erstellt hat. Lange Zeit hatte man sich damit begnügt, bestehende Gebäude für schulische Zwecke umzufunktionieren. 1822 wurde nun hier zum ersten Mal ein richtiges Schulhaus erbaut mit vier Schulzimmern, je zwei für Knaben und zwei für Mädchen. Mit der bekannten baslerischen Sparsamkeit verwendete man aber wieder die alten Schulbänke (ohne Lehnen), und obwohl die Schulzimmer gegen Süden gerichtet sind, glaubte man auch auf Sonnenstoren verzichten zu können. Erst nach jahrelangem Drängen wurden solche schliesslich den Lehrern und Schülern zugestanden.
In diesem Schulhaus unterrichtete der Künstler **Ludwig Adam Kelterborn** (1811–1878). Er war der erste Zeichenlehrer des jungen **Arnold Böcklin**, und er erkannte bald dessen grosses Talent. Böcklin war ihm immer dankbar dafür: «Arnold Böcklin hat sein Leben lang diesem braven Meister, der ihm den ersten künstlerischen Unterricht erteilte, eine dankbare Erinnerung bewahrt», schreibt Böcklins Frau **Angela Böcklin-Pascucci** darüber.[106] Mit ihr zusammen hatte Arnold Böcklin vierzehn Kinder, von denen allerdings acht früh starben. Den Stossseufzer Böcklins, «Die Familie haben wir nicht – sie hat uns», kann man nachvollziehen. Das hätte wohl auch Kelterborn unterschreiben können. Er wohnte mit seiner Frau und neun Kindern in einer der Lehrerwohnungen, die ebenfalls im Schulhaus eingerichtet waren. Neben dem Amt als Leiter der Schule war er auch noch gleichzeitig Abwart. Trotzdem blieb ihm Zeit, für seine drei Mädchen auf Weihnachten ein bezauberndes Puppenhaus zu basteln. Eigentlich ist es eine Puppenvilla, ein Stadthaus mit drei Stockwerken. Alles ist vorhanden: Treppenhaus, Keller, Waschküche, Küche, Damen- und Herrensalon, Kinderzimmer, Wintergarten, Dienstbotenstübchen und Estrich. Ein vornehmes Eingangsportal mit Klingelzug und Namensschild «Elise Kelterborn» fehlt auch

nicht. Für die Mädchen war das reich möblierte Puppenhaus natürlich ein grossartiges Geschenk, aber sie durften nur unter Aufsicht damit spielen! Man hoffte, sie damit auf ihre spätere Rolle als Hausfrau vorzubereiten: «Es sollte mir Freude an einem schönen, geordneten Haushalt machen vom Keller bis auf den Estrich», schreibt **Elise Kelterborn** später in ihren Lebenserinnerungen (siehe Bild S. 97). Auch den sechs Knaben bastelte der Vater etwas, jedoch nichts, was sie auf ihr späteres Leben vorzubereiten hatte. Es war ein grosses Theater mit «allen erdenklichen Bühneneinrichtungen, Verwandlungen, Versenkungen, Beleuchtungsapparaten, Mond- und Sonnenaufgängen, Blitz- und Donnermaschinen, und nicht nur die sämtlichen Dekorationen und Figuren, sondern das ganze Gehäuse waren des Vaters eigenes Werk», schreibt der eine Sohn Louis darüber.[107] Das Puppenhaus wurde der kleinen Elise zwischen 1845 und 1848 zu Weihnachten geschenkt – heute ist es, zusammen mit vielen anderen herrlichen Spielsachen, im nahen **Kirschgartenmuseum** zu bewundern.

Ludwig Adam Kelterborn: Elise im Hühnerhof, 1842. Privatbesitz Basel.

Frauen und Kinder im Kleinbasel

Von der Mittleren Brücke zum Kloster Klingental

Die erste Frauengestalt, der man begegnet, wenn man über die Mittlere Brücke spaziert und ins Kleinbasel kommt, ist die **Helvetia** (siehe Foto S. 99), eine wunderschöne, von **Bettina Eichin** 1978 geschaffene Skulptur. Sie sitzt am Brückenkopf auf der linken Seite. Neben ihr stehen Schild, Lanze und ein Koffer. Eines Tages sprang Helvetia vom Zweifrankenstück herunter, packte ihren Koffer und begab sich mit ihrem Schild und der Lanze auf Reisen. In Basel angekommen, setzte sie sich auf einen Brückenpfeiler, um auszuruhen. Den müden Kopf in die Hand gestützt, blickt sie nun sinnend auf das Wasser des Rheins.
Es gibt Schweizer Städte, die ohne See nicht denkbar sind. Zu Basel gehört jedoch der Rhein, von den Baslern liebevoll «dr Bach» genannt. Zu jeder Jahreszeit bietet er ein besonderes Erlebnis: Im Herbst rauscht er mit dem Wind um die Wette, im Winter scheint er manchmal fast still zu stehen, im Frühjahr, zur Zeit der Schneeschmelze, wälzt er sich mächtig und gelbbraun durch die Stadt, im Sommer hingegen glitzert er im Sonnenschein und lockt zu einem kühlen Bad.
Das Baden im Rhein wird heute von den Baslerinnen und Baslern rege genutzt. Mit Begeisterung schwimmen an einem angekündigten Tag im August Tausende «dr Bach ab», und niemand käme auf die Idee, dass das Freiluftbaden einst verboten war – nicht nur in Basel und nicht nur im Rhein. Das Verbot galt ganz allgemein dem Baden im Freien. Im 16. Jahrhundert stritten die Gelehrten heftig darüber, ob Baden im Freien gesund sei, oder ob man es verdammen müsse. Gefährlich war es auf jeden Fall: «Im Jahr 1587 den 16. Aug. ertranck im Rhein der Edel Eugenius von Cöln aus dem Land Mechelburg, mit seinem Exempel die Jugend erinnernt, dass sie sich Lusts halben in kein Wasser wagen, sonder in wahrer Gottesforcht das Leben bewahren soll.»[108] Es ist leicht nachvollziehbar, dass man sich nicht an das Badeverbot gehalten hat. Zum Beispiel kann man auf einem Stich von 1642 deutlich erkennen, wie einige Knaben sich begeistert im Rhein tummeln und offensichtlich auch schwimmen können.[109]
Die Basler Frauen begaben sich offiziell erst ab 1847 ins Wasser des Rheins. Damals wurde nämlich von der «Gesellschaft für das Gute und Gemeinnützige» eine **Frauenbadeanstalt** am Fusse der Münsterpfalz erstellt, neben dem «Pfalzbadhüsli», das fünfzehn Jahre zuvor für die Knaben und Männer am selben Ort errichtet worden war. Allerdings, nicht alle Leute waren über diese Badeanstalten begeistert. 1879

Bettina Eichins Helvetia schaut rheinabwärts.

schreibt ein erboster Vater: «Im Laufe des 22. Juli musste ich mit meinen beiden Töchtern die obere Fähre von der Kleinbasler Seite her passieren. Ich glaubte meinen eigenen Augen nicht trauen zu dürfen, als ich in der bis in den hintersten Winkel mit dem blossen Auge sichtbaren Schwimmanstalt Herren in jenem paradisischen Kostüme herumwandeln sah, das aus weiter nichts als einem Badehöschen besteht. Nun hat man zwar einen schwachen Versuch gemacht, mittelst Sackleinwand den von der Fähre zunächst liegenden Theil den Augen des Publikums zu entziehen; dieser Versuch ist aber als durchaus ungenügend zu bezeichnen. Man kann von der Fähre und vom Rheinsprung aus das ganze Innere übersehen, die nackten Gestalten und jede ihrer Bewegungen sind aufs Deutlichste zu erkennen. Gerade gegenüber der Schwimmschule liegt die katholische Knaben- und Mädchenschule; ob ein solcher Anblick zur Hebung des sittlichen Gefühls bei den Kindern geeignet ist? Einsender glaubt dies kaum.»[110] Man wünschte sich die Sorgen, die man vor 120 Jahren hatte …

Von badenden Frauen im Mittelalter liest und hört man nichts, mit einer Ausnahme: den Nonnen des Klosters Klingental. Diesen meist adeligen Damen wird eine grosse Unabhängigkeit nachgesagt, die sich unter anderem auch im Baden im Rhein (also in aller Öffentlichkeit) geäussert haben soll. Während wir nun die Treppe zum Rhein hinunter steigen und dem Ufer entlang den **Unteren Rheinweg** rheinabwärts spazieren, um zum Kloster dieser mutigen Damen zu gelangen, folgen wir der ehemaligen Stadtmauer, die gegen Angriffe vom Rhein her schützte. Erst vor 120 Jahren wurde an ihrer Stelle eine Rheinpromenade geschaffen. Eine Möglichkeit, Basels Stadtbild früherer Zeiten zu betrachten, hat man im **Museum Kleines Klingental**, einem Teil des ehemaligen Klingentalklosters, dessen Eingang wir in kurzer Zeit erreichen (Nr. 26). Ein grosses, bezauberndes Modell, das die Stadt Basel des 17. Jahrhunderts wiedergibt, ist da im ersten Stock zu besichtigen. Die Stadtmauern und die Tore, die Brücke über den Rhein und viele kleine gotische Häuschen, nebst Kirchen und Klostergebäuden, kann man entdecken. Ein weiteres Modell zeigt das Kloster Klingental selbst sowie die angrenzenden Quartiere, liebevoll ausgeschmückt mit kleinen Figuren, Menschen und Tieren.

Das **Kloster Klingental** war ein Dominikanerinnen-Kloster, gestiftet von Walter von Klingen, einem Minnesänger und Freund Rudolfs von Habsburg. 1274 kamen die Nonnen nach Basel und bauten sich hier ein Kloster auf. Es war ein vornehmes Kloster, denn die Damen stammten aus dem Hochadel und waren versehen mit vielen Gütern und ansehnlichem Vermögen. Schon in ganz jungen Jahren wurden die Mädchen ins

Kloster geschickt. Die Kinder aus den Adelsfamilien (auch uneheliche Kinder von Adeligen, die man hier geeignet unterbringen konnte) waren natürlich mit einer entsprechenden Mitgift versehen. Die kleinen Mädchen bekamen nun eine Nonne zugeteilt, die sie ins Klosterleben sorgfältig einführte. Mit kindlicher Verehrung hingen die Kinder an ihren grossen Schwestern, denn sie waren ein Ersatz für die Mutter, die sie so früh schon vermissen mussten. Die Mädchen und Novizinnen wurden vor allem im Singen und Lesen unterrichtet. Zu den Hauptaufgaben des Klingentalklosters gehörte das Abhalten von Seelen- und Totenmessen, dabei wurde die musikalische Ausgestaltung besonders gepflegt.
Die vornehmen Damen des Klingentalklosters badeten nicht nur im Rhein, sondern nahmen sich auch sonst viele Freiheiten heraus. Im 15. Jahrhundert führten sie ein Leben, wie sie es als Adelige auch ausserhalb eines Klosters gelebt hätten. Einige Zeit betrachtete man diese Zustände mit der erforderlichen Nachsicht, hauptsächlich, weil die Priorin des Klosters, **Clara zum Rhein**, die Schwester des Bischofs von Basel war. Nach deren Tod aber verschafften sich die für das Kloster zuständigen Dominikaner eine Bulle vom Papst, die ihnen freie Hand über die Klingentalerinnen liess, um nach dem Rechten sehen zu können (1480). Als diese Bulle den Klosterfrauen vorgelesen wurde, sangen, schrien und lärmten die Damen aber derart, dass sie nachher mit Recht behaupten konnten, sie hätten nichts gehört und seien nicht verpflichtet zu gehorchen. Ein erboster Dominikaner bezeichnete sie als «unverbesserliche, schamlose Weiber» und als «eine wütende Pest» und liess alle kurzerhand in ihre Zellen einsperren. Dann holte er aus dem nahen Elsass Reformschwestern und hoffte, auf diese Weise Ordnung schaffen zu können. Die neuen Nonnen erreichten jedoch gar nichts, solange die alten noch innerhalb der Klostermauern weilten. So handelte man schliesslich einen Kompromiss aus, indem man den alten Nonnen anbot, sie könnten das Kloster verlassen und dafür ihr ganzes Hab und Gut mitnehmen. Damit geriet das Kloster aber in grosse finanzielle Schwierigkeiten. Diese missliche Lage führte schliesslich zu einem weit reichenden Entscheid: Mit einer neuen päpstlichen Bulle wurden 1482 die Rechte der alten Nonnen wieder hergestellt, und die Reformschwestern hatten wieder zu verschwinden.
Nach der Reformation (die letzte Klingentalerin verliess das Kloster 1557) wurden die Gebäude für verschiedene Zwecke genutzt. Das Kleine Klingental, der ehemalige Laienbezirk, wurde für Proberäume verschiedener Musikgruppen und für einen Kindergarten benutzt. Die Kirche und das Kloster aber dienten der Unterkunft von Soldaten. Deshalb wurde im 19. Jahrhundert an der Stelle des Klosters schliesslich

eine Kaserne gebaut, sodass heute nur noch die Klosterkirche und der schön erhaltene Laienbezirk, Kleines Klingental genannt, zu sehen ist.

Vom Klingental zur Greifengasse

Die Klosterkirche erblicken wir, wenn wir dem Kleinen Klingental entlang marschieren (das Weglein rechts dem Querbau entlang). Linker Hand kommt die Kirche bald zum Vorschein. Sie beherbergt heute zahlreiche Ateliers von Künstlerinnen und Künstlern. Wir gehen nun gleich nach rechts weiter und gelangen durch ein schmales Gässlein alsbald an einen stillen, malerischen kleinen Platz, an dem früher die mächtigen Klostermühlen standen.
Auch ein aus mehreren Gebäudeteilen bestehendes Haus ist zu sehen mit einer prachtvollen Rosettentüre und einem gemütlichen Satteldach, das «Bichtigerhus» (Klingental Nr. 13, siehe Foto S. 103). Es diente bis zur Reformation als Sitz der Beichtväter der Damen vom Klingental. Hier hatten die Nonnen jeweils ihre Beichte abzulegen – bei ihrem zwanglosen Lebenswandel wird das wohl öfters nötig gewesen sein! Das Haus hat aber auch in späterer Zeit interessante Frauen beherbergt, vor allem im 20. Jahrhundert. Hier wohnte die Schriftstellerin **Lisa Wenger** (1858–1941). Sie ist vielen Kindern vertraut durch ihre Märchenbücher, aber sie hatte auch grosses Talent als Malerin. Lisa Wenger war in jungen Jahren eine der wenigen Frauen, die an der Kunstakademie Düsseldorf studieren konnten. Von allen Kindern in der ganzen Schweiz geliebt und allen vertraut sind bis in die heutige Zeit ihre reizenden Illustrationen zum «Joggeli wott go Birli schüttle».
Auch ihre Töchter **Ruth und Eva Wenger** sind mit bekannten Namen zu verbinden: Während Ruth kurze Zeit mit dem Dichter Hermann Hesse verheiratet war, ehelichte Eva einen Arzt namens Erich Oppenheim. Ein Kind aus dieser Ehe hat das zeichnerische Talent der Grossmutter offensichtlich geerbt; es ist die Surrealistin **Meret Oppenheim** (1913–1985). Sie ist vor allem mit einem Werk berühmt geworden: Ihre Pelztasse («Le déjeuner en fourrure») findet man im Museum of Modern Art in New York, die junge Künstlerin hat sie im Alter von nur 23 Jahren geschaffen. Im Jahre 1932 – als Achtzehnjährige! – fuhr Meret Oppenheim zusammen mit Irène Zurkinden zur Ausbildung nach Paris. Die beiden intelligenten und von Freiheitsdrang erfüllten jungen Frauen verbrachten im Kreise der Pariser Künstler eine intensive Zeit. Die Beziehung zur Grossmutter im Klingental brach aber nicht ab. Meret Oppenheim lebte in den Jahren des Zweiten Weltkriegs wieder

Das «Bichtigerhus» im Klingental, zeitweise Wohnort von Meret Oppenheim.

bei ihr. Sie wohnte hier im «Bichtigerhus» in einem bescheidenen Zimmer über der Garage.[111] Nach dem Hinschied ihrer Grossmutter ging das ganze Haus an sie über. Schliesslich wurde ihr im Jahre 1975 der Kunstpreis der Stadt Basel zugesprochen. Bei der Übergabe sprach Meret Oppenheim über die Schwierigkeiten einer Künstlerin: «Es ist nicht leicht, ein junger Künstler zu sein ... Noch schwieriger ist es – immer noch – für einen weiblichen Künstler. Es fängt bei scheinbar Äusserlichem an. Bei den Künstlern ist man es gewöhnt, dass sie ein Leben führen, wie es ihnen passt – und die Bürger drücken ein Auge zu. Wenn aber eine Frau das Gleiche tut, dann sperren sie alle Augen auf. Das und vieles mehr muss man in Kauf nehmen. Ja, ich möchte sogar sagen, dass man als Frau die Verpflichtung hat, durch seine Lebensführung zu beweisen, dass man die Tabus, mit welchen die Frauen seit Jahrtausenden in einem Zustande der Unterwerfung gehalten wurden, als nicht mehr gültig ansieht. Die Freiheit wird einem nicht gegeben, man muss sie sich nehmen.»[112] Irgendwie scheint sich da auch der Geist der Klingentaler Nonnen niedergeschlagen zu haben ...

Beim Weitergehen treten wir nun unter einem Torbogen hindurch aus der klösterlichen Ruhe hinaus und gelangen in die **Untere Rheingasse**. Gegenüber, an der Ecke zum **Sägergässlein** (Nr. 2), ist der nächste Halt angebracht, denn wir stehen an der Stelle, wo der berühmte Kupferstecher **Matthäus Merian** (1593–1650) geboren wurde. Damals stand hier ein Wohnhaus mit einer Säge, Merian'sche Säge genannt. Matthäus Merian ist wohl der berühmteste Kleinbasler, auch wenn er später den Verlag seines Schwiegervaters in Frankfurt übernommen und zur Berühmtheit geführt hat. Seine Kindheit und Jugendzeit, aber auch die ersten vier Jahre seiner Ehe hat er an diesem Ort verbracht, und seine Kindheitserinnerungen haben ihn begleitet und auch immer wieder Eingang gefunden in seine Werke. Am schönsten ist wohl seine Illustration zum zweiten Buch Mose, auf der zu sehen ist, wie Moses in seinem Körbchen ausgesetzt wird – im St. Alban-Tal! Mit den vielen eindrücklichen Bildern seiner «Merian-Bibel» sind ganze Generationen von Kindern aufgewachsen. Davon berichtet zum Beispiel auch **Goethe**. Als er 1787 auf dem Meer vor Capri in einen Sturm geraten war und alle auf dem Schiff sich ängstigten, bewahrte nur er allein seine Ruhe: «Ich legte mich halb betäubt auf meine Matratze, doch aber mit einer gewissen angenehmen Empfindung, die sich vom See Tiberias herzuschieben schien: denn ganz deutlich schwebte mir das Bild aus Merians Kupferbibel vor Augen.»[113]
Der kleine Matthäus Merian spielte mit Begeisterung in «seinem» Quartier. Damals drehten sich hier mehrere Mühlen am Wasser der

Teicharme, die durch Kleinbasel geleitet wurden, und die auf Buben eine magische Anziehungskraft ausübten. Täglich marschierte Matthäus über die Rheinbrücke zum Münsterhügel, um in die «Schule auf Burg» zu gelangen. Vermutlich nahmen die Kinder damals auch nicht unbedingt immer den kürzesten Weg nach Hause, sodass der junge Matthäus die verschiedenen Gassen und Häuser der Stadt gut kennen lernte. Seine Kenntnisse konnte er später bei der Ausführung eines Stadtplans gebrauchen, den er 1615 im Auftrag der Regierung anfertigte.

Nach wenigen Schritten gelangen wir zum Tramgeleise in der **Greifengasse**. Viel hat sich verändert, seit Matthäus Merian auf seinem Schulweg hier vorbeispaziert ist. Dieser Strassenzug bildete damals die Hauptstrasse von Kleinbasel, und am Brückenkopf befand sich das Zentrum des Stadtteils. Alle wichtigen Gebäude standen hier, das Richthaus, die St. Niklaus-Kapelle und Häuser mit Lauben, in denen man Waren kaufen konnte. Heutzutage ist den Kleinbaslern vor allem ein Haus hier sehr wichtig, nämlich das letzte Haus auf der linken Seite vor der Brücke: Es ist das Café Spitz, das Gesellschaftshaus der drei **Ehrengesellschaften von Kleinbasel**. Die Bewohner waren in den Gesellschaften «zum Greifen», «zur Hären» und «zum Rebhaus» organisiert, denn Kleinbasel besass keine Zünfte. Hauptereignis der drei Ehrengesellschaften und grösstes Fest der Kleinbasler ist der «**Vogel Gryff**» im Januar. Nach einer spektakulären Flossfahrt den Rhein hinunter landet beim Kleinen Klingental der Wilde Mann, der Wappenhalter der Gesellschaft zur Hären. Freudig erwartet wird er von den Wappentieren der beiden anderen Gesellschaften, einem Greifvogel (Vogel Gryff) und einem Löwen. Das Ereignis bringt jeweils Tausende auf die Beine, wobei die Kinder mit Eifer versuchen, dem unheimlichen Wilden Mann die Äpfel vom Kranz zu reissen, den er um den Kopf und um die Hüften trägt. Nur den frechsten Buben gelingt es – aber sie sind sich wohl der Konsequenzen nicht bewusst: Nach uralter Tradition bedeutet das, dass ihre Schwester oder Mutter noch im gleichen Jahr schwanger werden wird …

Die drei Figuren begeben sich einträchtig zum gemeinsamen Rundgang durch Kleinbasel, um ihre althergebrachten Tänze aufzuführen. Ein urtümliches und geheimnisvolles Ritual ist der Tanz der drei Figuren. Als urtümlich wird auch empfunden, dass bis in die heutige Zeit keine Frauen Zutritt zu diesen Gesellschaften erhalten.

Von der Rheingasse zum Lindenberg

Die Greifengasse führt zum Claraplatz und der ehemaligen Klosterkirche der **Clarissinnen**. Wir aber überqueren das Tramgeleise und spazieren in die **Rheingasse**. Gleich auf der linken Seite erfreuen mehrere reizende, mittelalterliche Häuser das Auge. An einer Fassade wandern sogar Ameisen die Wand hinauf! Die kleinen, schlichten Häuser zeigen deutlich, dass im Kleinbasel meist bescheidene Verhältnisse herrschten. Es gab aber auch Ausnahmen: Im Haus «Zum Kaiserstuhl» (Nr. 23), dessen Strassenfront sich leider nicht mehr mittelalterlich präsentiert, lebte Ende des 15. Jahrhunderts der bedeutende Buchdrucker Johannes Amerbach mit seiner Familie. Dem Ehepaar waren fünf Kinder geschenkt worden, drei Söhne und zwei Töchter. Allerdings starb eines der Mädchen sehr früh an der Pest. Danach lebte die Mutter **Barbara Amerbach-Ortenburg** in ständiger Angst vor der schrecklichen Krankheit. Dem Buchdrucker war die Bildung seiner Kinder ein ganz besonderes Anliegen, deshalb schickte er seine Söhne schon sehr früh nach Schlettstadt zur Schule, später sogar nach Paris. Die Mutter liess sie nur ungern ziehen. Aus ihren Briefen liest man die Sorge um ihr Wohlergehen: «Geht es Euch gut, geht es mir auch gut, geht es Euch übel, so geht es mir auch übel», schrieb sie 1504.

Margarethe Amerbach, das Töchterchen, wurde zusammen mit ihrem jüngeren Bruder Bonifacius während Pestepidemien jeweils sofort nach Muttenz ins Frauenkloster Engental gebracht, aus Angst vor Ansteckungen. Von dort aus schreibt das achtjährige Mädchen reizende Briefe an die Mutter. Mit Bleistift sind die Linien gezogen, und der Text beginnt mit einer schönen Initiale, wie es die kleine Margarethe bei ihrem Vater in den Büchern gesehen hat. «Min fruntlichen Gruss und alls Guts zuvor, min recht herzliebes Mütterlin», beginnen die Briefe, dann folgen Wünsche wie «ich bitt Dich, lass mir einen Schurz machen ... dass ich die Kleider nicht beschmutze» oder «schick mir die Bantofflen und ein Paar Stifflen, und dem Bonifazius auch ein Paar Stifflen mit Söcklin darin.» Immer wieder findet sich auch der verständliche Wunsch, man möge sie und ihr Brüderchen bald heimholen. Das Schreiben hat Margarethe schon vor ihrem Klosteraufenthalt gelernt. Es war dem Buchdrucker Amerbach offensichtlich ein Anliegen, dass nicht nur die Söhne, sondern auch sein Töchterchen eine gute Schulbildung bekamen. So wurde das Mädchen von einer «Lehrfrau» unterrichtet, die es in einem der Briefe ebenfalls herzlich grüssen lässt.[114]

Die Häuser auf der gegenüberliegenden Strassenseite haben sich im 19. Jahrhundert noch einen zweiten Hauseingang zugelegt. Damals erstellte man auf der Rheinseite eine Rheinpromenade. Von diesem Uferweg aus hat man den schönsten Blick auf Grossbasel, und den wollen wir nun auch geniessen. Indem wir durch den Tunneldurchgang schräg gegenüber dem «Kaiserstuhl» spazieren, gelangen wir zum **Oberen Rheinweg** und wandern rheinaufwärts weiter.

Am Oberen Rheinweg Nr. 17 wurde **Johann Jakob Schneider** (1822–1889) geboren. Mehrere hundert Ansichten des alten Basel verdanken wir ihm, darunter viele, die man sonst nicht mehr kennen würde. Als Kind hatte es Johann Jakob nicht einfach. Er wuchs in äusserst bescheidenen Verhältnissen auf, wie es bei einer kinderreichen Familie eines einfachen Taglöhners üblich war. Mehrere Kinder schliefen im gleichen Bett. Auf die Idee, ein eigenes Kinderzimmer zu haben, kam man gar nicht. Man konnte es sich auch nicht leisten, den Schulbatzen für die Kinder längere Zeit zu bezahlen, sodass Johann Jakob nur gerade eineinhalb Jahre lang die Schule besuchen konnte! Alltag bedeutete Arbeit, auch für die Kinder. Schon als Zehnjähriger half Johann Jakob mit, Geld zu verdienen: Zusammen mit einem nur wenig älteren Kameraden zündete er Abend für Abend die Öllaternen in Kleinbasel an. Diese öffentliche Beleuchtung war erst gerade eingeführt worden (1825). Von «Chancengleichheit» sprach damals niemand, wer aber ein Talent besass und mit Fleiss sich weiterbildete, konnte es trotzdem zu etwas bringen. Dafür ist Johann Jakob Schneider ein schönes Beispiel: Sein Vater wollte ihn wie üblich in einer Tabakfabrik als Arbeitskraft unterbringen. Zum Glück zeigte sich aber das zeichnerische Talent bereits sehr deutlich, sodass man darauf aufmerksam wurde, vor allem beim Malen der Fasnachtslaternen. Deshalb durfte Johann Jakob eine Lehrstelle als Dessinateur in einer Bandfabrik antreten. Zeit seines Lebens hat er neben seinem Beruf gezeichnet, was bei der damaligen Arbeitszeit von etwa achtzig Stunden pro Woche grosse Disziplin erforderte. Als er 1889 starb, stand im Basler Volksblatt, dass von ihm «... viele hundert der merkwürdigsten Bilder des alten Basels entstanden sind. Dafür sei ihm heute noch Dank!» Vielleicht hat der besondere Blick hinüber zum Grossbasler Ufer mit den vielen hohen, schmalen Häusern und dem alles dominierenden Münster den kleinen Johann Jakob schon in frühen Jahren beeinflusst und seine Liebe zu Basels Stadtbild geweckt?

Es ist überhaupt interessant, dass mehrere Kleinbasler in besonders liebevoll gestalteter Art und Weise die Bilder der Stadt festgehalten haben. Nach Matthäus Merian und Johann Jakob Schneider muss noch **Niklaus Stoecklin** (1896–1982) erwähnt werden, der ebenfalls im Kleinbasel geboren und aufgewachsen ist (Rheinfelderstr. 40). Er selbst schreibt zwar: «Ich bin in der Badanstalt geboren, daher meine grossen

Flossen und die Liebe zum Aquarellmalen.»[115] Er meint damit das «Pfalzbadhüsli» zu Füssen des Münsters, wo er offenbar als Kind besonders viele glückliche Stunden zubrachte. Die Schule hatte es ihm weniger angetan, nur gerade die Religion, die Naturkunde und das Zeichnen bereiteten ihm keine Schwierigkeiten. Schliesslich wurde aber trotzdem ein bekannter Maler und Grafiker aus ihm. Seine Plakate verschafften ihm internationale Anerkennung, in Basel aber wird «dr Niggi Steggli» vor allem wegen seiner heimeligen Stadtbilder geliebt und verehrt.
Während wir weiter rheinaufwärts spazieren, freuen wir uns über den Blick zur Grossbasler Rheinfront, aber auch an den heimeligen kleinen Häusern am Kleinbasler Rheinufer. Früher sah es hier am Oberen Rheinweg etwas anders und wesentlich schmutziger aus: Zwar flatterte zwischen den Bäumen die aufgehängte Wäsche, es hatte auch einige Bänklein, und das Rheinbord wurde von den Flössern als Holzablageplatz benutzt. Dazwischen aber zogen viele braune, stinkende Schmutzbächlein ihre Bahnen von den Häusern in den Rhein.
Beim interessanten **Stadtmodell für Blinde** zweigt das **Reverenz-Gässlein** ab, womit wir entlang dem Haus «Zum kleinen Sündenfall» wieder zurück zur **Rheingasse** gelangen, nicht ohne uns Gedanken darüber zu machen, was es mit dem rätselhaften kleinen Sündenfall wohl auf sich haben könnte. In der Rheingasse wenden wir uns nach rechts, um das schmale Häuschen «Zum roten Schneck» zu betrachten (siehe Foto S. 109). Mit seiner entzückenden Jugendstilschnecke wirkt es fast märchenhaft inmitten der Häuserzeile. Der Zauber früherer Zeiten lebt auf, die gute alte Zeit. Aber damals roch es in diesen engen Gassen mit den verschiedenen Werkstätten, Färbereien, kleinen Waschhäusern und herumspringenden Tieren meist gar nicht zauberhaft! Für die Kinder waren die alten Häuser natürlich trotzdem ein Paradies. Es gab Estrichwinkel und Kammern voller Gerümpel, es ging treppauf und treppab, man konnte herrlich «Räuberlis» oder Verstecken spielen, und Gespenster gab es natürlich auch. In den Hinterhöfen lagen alte Räder herum, kaputte Federn oder ein zerrissener Korb, womit man mit ein bisschen Fantasie wunderbar spielen konnte. Die Bewohner kannten sich alle, man war aufeinander angewiesen, und die vielen Kinder sorgten automatisch für Kontakt. Nicht immer freuten sich alle Hausbewohner über die Betriebsamkeit der Kinder, einige schätzten den Radau gar nicht und versuchten, die lärmige Schar fortzujagen, indem sie Besen oder nasse Lumpen nach den Störefrieden warfen. Das wiederum war für die Jungmannschaft erst recht spannend, und man freute sich diebisch, wenn ein Knabe es sogar

Das Haus «Zum roten Schneck» vom Rheinufer her gesehen.

wagte, auf die Tapete vor einer solchen Wohnungstüre hinzukritzeln: «Dises ist die Vrau Maier».[116]
Gleich neben dem «Roten Schneck» steht das schlichte Biedermeierhaus Nr. 74, einst Wohnhaus eines Sandweibchens. Hier in der Rheingasse wohnten sehr viele Sandmännchen und **Sandweibchen**, man findet sie im Adressbuch in den Häusern der Nr. 47, 51, 63, 67, 76, 81, 82 und auch in diesem Haus Nr. 74 aufgeführt. Die Sandverkäufer bevorzugten einen Wohnsitz in der Nähe des Rheins, damit sie den Sand per Boot (Weidlig) in die Nähe ihres Wohnortes bringen konnten. Sand brauchten die Leute für den Haushalt. Es war ein Universalputzmittel, das man zum Scheuern der Böden benutzte. Die Sandsteinplatten in den Eingangshallen und die Tannenriemenböden in den Zimmern wurden regelmässig am Samstag mit Sand gereinigt, geschrubbt und gefegt. Auch zum Händewaschen wurde Sand verwendet, die kostbare Seife leistete man sich nur am Sonntag!
Der Sand wurde am Rheinufer beim Birskopf, an der Birs oder an der Wiese gegraben, oder man verwendete ganze Sandsteine, indem man sie im Keller oder Hinterhof zu feinem Sand zerklopfte. Mit zweirädrigen Wägelchen transportierten die Sandweibchen anschliessend den Sand durch die Strassen, einige trugen die schwere Last auch auf dem Kopf. Der Verdienst war erbärmlich, und nicht selten musste man lange nach einer Abnehmerin für die Ware suchen. Die Sandleutchen wurden von den Kindern oft gehänselt, da sie meist körperlich und geistig behindert waren. Ihr anormaler Körperwuchs und ihre oft auch unverständliche Sprache forderten leider den Spott geradezu heraus, wie zum Beispiel beim Sandguschti mit seinem Ruf Sand zu kaufen: «Daufed Dand, döne Dand für dünf Dantim.»
Die Zeit der Sandverkäufer ging mit dem Aufkommen der chemischen Waschmittel zu Ende.[117] Viele konnten dann in der Webstube Arbeit und Verdienst finden. Der letzte Sandverkäufer ist im Adressbuch von 1930 aufgeführt, seither braucht man Sand höchstens noch, um ihn jemandem in die Augen zu streuen …
Im schlichten Haus «Zem Birbom» (Nr. 84) mit dem reizenden aufgemalten Baum und den drei goldgelben Birnen, war bis vor dreissig Jahren ein Zauberreich der Spielsachen zu finden. **Hans-Peter His-Miescher** wohnte hier, dessen mit Leidenschaft gesammeltes Spielzeug, das er aus ganz Europa zusammentrug, das Haus vom Keller bis zum Dachstock füllte. Heute kann jedermann die Spielsachen bewundern, einen Teil im **Kirschgartenmuseum** und den anderen Teil in dem von His geschaffenen und geförderten **Spielzeugmuseum** in Riehen.

Die Kinder im Haus daneben (Rheingasse Nr. 86) hatten wohl mit dem einen oder anderen dieser alten Spielsachen noch gespielt. Hier war nämlich die erste **Mädchenschule Kleinbasel**s untergebracht. Als im Jahre 1660 die einzige Basler Mädchenschule vom Martinskirchplatz zum Barfüsserplatz verlegt wurde, war der Schulweg für die Mädchen aus dem Kleinbasel zu weit. Ohne grössere Kosten konnte danach in diesem Wohnhaus eine «ordentliche und öffentliche Schul für die Töchterlin von Kleinbasel»[118] errichtet werden. Fast 200 Jahre lang gingen die Kleinbasler Schulmädchen in diesem Haus zur Schule. Allerdings besuchten die ärmeren Kinder nur sehr sporadisch den Unterricht, denn bis 1875 musste man für jedes Kind ein Schulgeld bezahlen. Obwohl die Eltern immer wieder am Sonntag vom Pfarrer von der Kanzel dazu aufgefordert wurden, ihre Kinder zur Schule zu schicken, fruchtete das wenig. Die meisten Kinder trugen mit der Arbeit in den Fabriken zum Unterhalt der Familie bei. Laut einer Statistik von 1869 arbeiteten in den Bandfabriken 261 Kinder, in den beiden Tabakfabriken 47 Kinder und in den Seidenzwirnfabriken 148 Kinder![119] Der Stundenlohn bewegte sich zwischen sechs und zehn Rappen. Das ergab einen Wochenlohn von vier bis fünf Franken. Das war viel Geld, oft konnte man damit gleich den Wohnungszins bestreiten oder sogar noch Brot für die vielköpfige Familie kaufen.[120] Deshalb schickten die Eltern ihre Kinder nur sporadisch, früher oder später oder überhaupt nicht zur Schule. Schliesslich wurde eine Lösung gefunden, die es möglich machte, zur Schule und trotzdem auch in die Fabrik zu gehen: Man eröffnete Fabrikschulen. An diesen wurden die Kinder vor Fabrikbeginn unterrichtet, das heisst in den Sommermonaten morgens von sechs bis sieben Uhr, in den übrigen Monaten während der Mittagspause von elf bis zwölf.
Aber nicht alle Kinder durften die Schulen besuchen. Die «Hintersassen» – das waren die Taglöhner und Dienstboten – standen ausserhalb der städtischen Gemeinschaft. Zu diesen Hintersassen gehörten bis weit ins 19. Jahrhundert hinein auch die Katholiken, die in der protestantischen Stadt zwar geduldet, aber mit keinerlei Mitspracherecht versehen waren.
Wir stehen nun am **Lindenberg**, wo ein mächtiger, schlossähnlicher Bau ins Auge sticht, der inmitten einer grossen Hof- und Gartenanlage steht: der «**Hattstätterhof**» (Nr. 12). Spazieren Sie ruhig in den Hof und betrachten Sie den stattlichen Bau mit den vier Ecktürmchen aus der Nähe. Der Adelssitz aus dem 16. Jahrhundert, der dem Junker und Söldnerführer Claus von Hattstatt als Alterssitz diente, ist heute im Besitz der römisch-katholischen Kirchgemeinde.

Da die Katholiken ihre Kinder nicht in die Fabrikschulen schicken durften, weil «die Anzahl der Lernenden aus unserer Kirche stark genug sind», wie von der Stadt bedauernd formuliert wurde, entstand hier eine Privatschule der katholischen Kirchgemeinde. Bald war sie zur grössten Privatschule Basels angewachsen, und es wurde auf dem Areal des Hattstätterhofs ein eigenes Schulhaus erstellt (1839). Der Kleine Rat spendete zwar etwas an diesen Schulhausbau, aber die katholische Kirchgemeinde musste sich nach eigenen, zahlbaren Lehrkräften umsehen und fand diese in den **Sœurs de la Providence**. Die protestantische Stadt erlaubte den Nonnen aus dem Elsass, ihre Tätigkeit auszuüben, stellte jedoch die Bedingung, dass sie nicht in ihrer Ordenstracht unterrichteten. Sonst aber liess man sie gewähren.
Wie wichtig Bildung ist, erkannte schon eine fromme Stifterin aus dem 15. Jahrhundert: **Margarethe Brand**. Sie liess 1467 der Basler Universität einen jährlichen Beitrag von 24 Gulden zukommen, «weil nichts dienlicher ist zum Heil der Seele als Lehre und Unterweisung in der Heiligen Schrift». Die erste Stiftung, die die Universität in Empfang nehmen durfte, stammt somit von einer Frau![121] Margarethe Brand bewohnte hier an der Rheingasse das Haus Nr. 90, welches gleich gegenüber dem Hattstätterhof zu sehen ist.

Von der Riehentorstrasse zum Theodorskirchplatz

Bald mündet die Rheingasse in die **Riehentorstrasse**. Linker Hand plätschert der **Rebhausbrunnen** mit seinem reich verzierten Brunnstock (das Original aus dem 16. Jahrhundert befindet sich im Historischen Museum). Anmutig musizierende **Musen** sind zu entdecken. Sie stehen barfuss in kleinen Nischen und spielen auf verschiedenen Instrumenten. Man kann sich vorstellen, dass nicht nur die vielen Kleinbasler Frauen hier Wasser geholt haben, sondern dass auch junge Männer besonders gerne Wasser von der Brunnenröhre mit den reizvollen Musen getrunken haben.
Der Brunnen steht vor dem Rebhaus, dem ehemaligen Sitz der gleichnamigen Kleinbasler Ehrengesellschaft. Der zu dieser Gesellschaft gehörende Löwe thront oben auf dem Brunnstock. Ebenso entdeckt man einen stolzen Löwen in einer Nische der Hausfassade. Er trägt das Wappen der Gesellschaft mit fünf Rebmessern darauf. Die Kleinbasler Frauen erklären sich die fünf Rebmesser damit, dass die Woche sieben Tage habe, wovon die Männer für die Gesellschaftsabende fünf reserviert hätten …

Für die Buben hatte das Wasser des Brunnens viel mehr Anziehungskraft als Musen und Löwe, berichtet **Theobald Baerwart** (1872–1942) in seinen Jugenderinnerungen.[122] Auf dem Schulweg konnten die Knaben an keinem Brunnen vorbeigehen. Die Gelegenheit, sich gegenseitig anzuspritzen, musste natürlich beim Schopf gepackt werden. Oder es liessen sich Studien treiben über Wasserkraft und Schifffahrt, indem man Holzstückchen oder Nussschalen schwimmen liess, möglichst mit einem Segel versehen. Dabei stellte man sich träumerisch vor, man fahre nach Amerika. Die Schiffe wurden mit Sand oder kleinen Steinen beladen, hin und wieder tat auch ein dünnes Schulbuch diesen Dienst. Allerdings musste man dann eine glaubhafte Ausrede finden, warum die Blätter des Buches plötzlich gewellt waren.

Andere Gewässer lockten die Kinder ebenfalls zum Spielen. Da gab es vor allem den **Riehenteich**. Er wurde im Mittelalter vom Wasser der Wiese (einem Fluss aus dem Schwarzwald) abgeleitet, vor die Kleinbasler Stadtmauer geführt und schliesslich mit verschiedenen Teicharmen durch Kleinbasel gezogen, damit das Wasser zum Betreiben der Mühlen dienen konnte. Bald erkannten auch andere Gewerbe die Vorteile des kalkarmen Wassers der Wiese: Gerber, Walker und Färber siedelten sich am Teich an. Und am Rande des Kleinbasler Stadtteils, begrenzt von grünen Matten und Reben, entstanden im 19. Jahrhundert schliesslich die Fabrikgebäude der Firma Geigy, der Färberei Schetty sowie der Seidenwinderei Schappe. Sie alle profitierten vom Wasser des Riehenteichs.

Teichaufwärts lag auch eine Badeanstalt. Dort durften die Kleinbasler Kinder die ersten Schwimmversuche machen, ein Vergnügen, das sie planen mussten, denn es gab einen «Buebetag» und einen «Maitlitag». Das gemeinsame Baden beider Geschlechter war bis vor 100 Jahren undenkbar. Der Bademeister war eine Respektsperson, der für Ruhe und Ordnung zu sorgen hatte. Für Theobald Baerwart kam er gleich nach dem lieben Gott! «S'Wasser isch haillos nahrhaft gsi», berichtet Baerwart, denn es nahmen nicht nur die Arbeiter der Chemie und die Kaminfeger ihr samstägliches Bad im Teich – nicht ohne sich vorher gründlich einzuseifen –, sondern hin und wieder kam auch eine tote Katze oder Ähnliches vorbeigeschwommen.[123]

Die hygienischen Verhältnisse waren schlecht und wurden vor allem im 19. Jahrhundert immer schlechter, da die starke Bevölkerungszunahme bald zu katastrophalen Zuständen führte. Eine Kanalisation gab es damals noch nicht – die letzten Häuser in der Rheingasse wurden erst 1914 daran angeschlossen. Lange Zeit begriff man nicht, dass die plötzlich ausbrechenden Epidemien etwas mit den hygienischen Verhältnissen zu tun hatten. Bei der Choleraepidemie im Jahre 1855, bei der 205 Tote zu beklagen waren, suchte man die Erklärung bei einem Erdbeben, das kurz zuvor die Stadt erschüttert hatte. Skeptisch verfolgte man auch den Bau der Eisenbahn, und wie schon in früheren Jahrhunderten schob man den schwarzen Peter Andersgläubigen zu. Erst langsam dämmerte der Allgemeinheit, dass die prekären Wohnverhältnisse die Epidemien förderten.

Im 19. Jahrhundert musste sich die stark wachsende Stadtbevölkerung in den bestehenden Häusern mehr und mehr zusammendrängen. Schuld war unter anderem die grosse Zuwanderung von Auswärtigen, die in den Fabriken als Arbeiter gefragt waren. Für die zugewanderten Personen, die meist aus wenig anspruchsvollen Schichten stammten, schuf man Platz in Kellern und Dachgeschossen und schöpfte alle möglichen Raumreserven aus. Längst hatte man sich daran gewöhnt, dass wenig Sonne in die engen Gassen dringen konnte. Die Häuser waren feucht, die Schlafstuben kaum gelüftet, und zudem trugen die Abtrittgruben das ihre zu den schlechten Verhältnissen bei. Ganz abgesehen von den Tieren, die innerhalb der Stadtmauern lebten (rund 600 Pferde, 330 Schweine, 70 Kühe, 30 Ziegen und unzählige Hühner).

Man machte sich aber weniger Gedanken über die hygienischen Zustände, als vielmehr Sorgen über die fremden Einflüsse durch die zugewanderten Ausländer: «Man trägt sich in Kleinbasel allen Ernstes mit dem Gedanken, einen Schweizerverein zu gründen», wurde da gemunkelt. Und ebenso aktuell: «Nächstens wird man ein kleines Züglein von Männern gesenkten Hauptes unter Trommelschlag über die Mittlere Brücke ins Grossbasel ziehen sehen: die letzten Kleinbasler.»[124] Doch allen Unkenrufen zum Trotz gehören viele Ausländer von damals zu den eingefleischten Kleinbaslern von heute …

1906 endlich fasste der Grosse Rat den Beschluss, die Teicharme aufzuheben und eine Kanalisation anzulegen. Es wurde sogar ein Plan diskutiert, das ganze Viertel abzureissen, durch das wir eben spaziert sind! Nur gerade das Café Spitz und die Kirchen wären erhalten geblieben.[125] Heute sind wir froh darüber, dass aus der Angst heraus nicht ganz so rigoros vorgegangen wurde. Die Epidemien sind seither zum Glück verschwunden, nur die Kinder singen heute noch den Refrain: «Jupaidi und jupaida, Schnaps isch guet fir d'Cholera.»

Zum Schluss spazieren wir durch die nächste Querstrasse nach rechts zum **Theodorskirchplatz**. Im **Theodorsschulhaus** neben der Kirche gingen die Kleinbasler Knaben zum Unterricht, ausgerüstet mit Schulsack, Schiefertafel, zwei Griffeln und einem Schwamm. Die Fenster der Schulzimmer schauten auf der Hinterseite zur Stadtmauer und zum

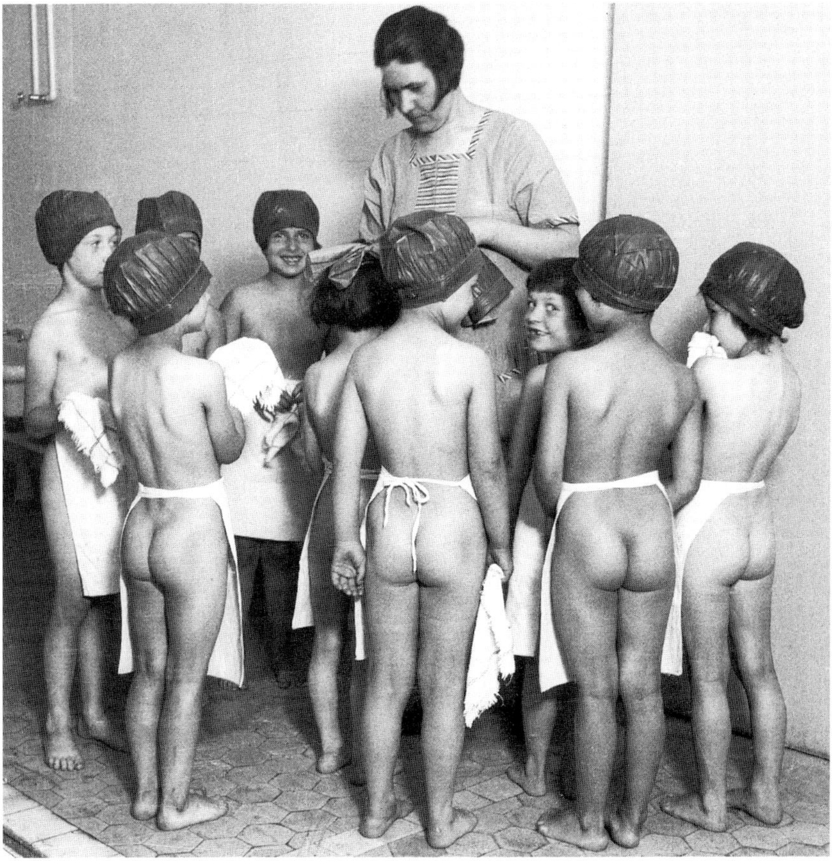

Badestunde in der Schule.

Gedicht zum Bild: Badstund

Wenn ych am Morge mi due pfläge,
so dängg y mänggmol draa,
wie's doomools gsii isch in dr Schuel,
wenn mir hänn «Dusche» gha.

Aimool im Mooned isch's basiert,
doo hämmer miese baade,
statt rächne oder Franzistund,
simmer in Käller aabe.

Deert hämmer denn e Kappe gfasst,
root wie ne Veloschluuch,
e Schirzli hesch au no bikoo,
zuem degge Bruscht und Buuch!

Denn isch d'Frau Lutz koo mit em Kiibel
und het d'Schmiirsaifi gschwunge,
dermit hämmer is wäsche miesse,
und hänn derzue no gsunge!

Am Schluss het sie dr d'Ellebeege
und Ohre kontrolliert,
e Duech dir iiber d'Aggsle gää
und denn bisch abmarschiert.

An Keerpermilch und an e Deo
hesch doomools gar nit dänggt,
mir hänn dervoo au nit vyl gwisst,
d'Schmirsaifi het is glängt.

Henny Labhart-Berger

Stadtgraben. Manch sehnsüchtiger Blick wanderte während des Unterrichts auf dieses Bubenparadies, wo man in der freien Zeit herrliche Abenteuer erleben konnte. Aber das strenge Zepter des Lehrers, der bei einer Unaufmerksamkeit nicht zögerte, «die Hosen zu spannen», liess keine grossen Träume zu. Trotz der patriarchalischen Schulverhältnisse fiel es früher aber niemandem besonders auf, wenn bei Krankheit des Lehrers dessen Frau kurzerhand die Schulstunden übernahm – ja einmal soll es sogar vorgekommen sein, dass eine Magd auf dem Katheder erschien![126]

Der Name eines Lehrers vom Theodorsschulhaus muss besonders erwähnt werden, weil er ein bekanntes Lied gedichtet hat: **Philipp Martin Hindermann** (1796–1884). Schon als Kind liebte er Bücher. Aber Philipp sollte eine Schuhmacherlehre beginnen, wie üblich bereits mit zwölf Jahren. Eigene Berufswünsche konnte man damals keine äussern. Und trotzdem schaffte es der Zwölfjährige, sich stattdessen als Schriftsetzer ausbilden zu lassen, um seine Liebe zu Büchern besser umsetzen zu können. Nach der Lehre bildete er sich mit Abendkursen weiter, um als Lehrer unterrichten zu können. Philipp Martin Hindermann wurde aber nicht nur Lehrer, sondern auch Poet, und unter den vielen Gedichten entstand (für die Fasnacht!) das allseits bekannte und beliebte Lied «In dr Schwyz, in dr Schwyz, do simmer dehai».

Um die **Theodorskirche** erstreckte sich früher der Friedhof. Es war ein stiller, einsamer Ort, der von den Kleinbasler Frauen auch gerne dazu benutzt wurde, ihren «Plunder» (Weisszeug) diskret zum Trocknen aufzuhängen. Natürlich nur, wenn gerade kein Gottesdienst stattfand. Die Theodorskirche war die Hauptkirche der «minderen Stadt», hier heiratete man, hier wurden die Kinder Kleinbasels getauft, und hier wurde man auch begraben. Besonders erwähnt werden muss **Matthäus Merian**, der am 25. September 1593 hier zur Taufe getragen wurde. Auch sein Sohn, Matthäus Merian der Jüngere, wurde in diesem Gotteshaus getauft (25. März 1621). Da die Kirche leider meist geschlossen ist, kann man wenigstens das Epitaph der Familie Merian aufsuchen. Es ist die letzte Tafel auf der Südseite gegen den Wettsteinplatz zu.

Das ehemalige **Kartäuserkloster**, das gegenüber der Theodorskirche mit einem grossen Torbogen und einer Mauer immer noch eine gewisse Abgeschiedenheit andeutet, birgt heute das Waisenhaus der Stadt. Spazieren Sie ruhig durch das Tor zur Kirche und betrachten Sie den Brunnen mit der **Caritas**, um die sich drei kleine Kinder scharen. 1677 ist dieser reich dekorierte Brunnstock von Balthasar Hüglin geschaffen worden (siehe Foto S. 117). Zehn Jahre zuvor hatte man das **Waisen-**

Der «Caritas»-Brunnen im Waisenhaus (1677), von Balthasar Hüglin.

haus eröffnet. Nach dem Dreissigjährigen Krieg waren zahlreiche elternlose Kinder aus der weiteren Umgebung nach Basel getrieben worden und lungerten überall bettelnd und verwahrlost auf den Strassen herum. Der Fall eines liederlichen elfjährigen Mädchens und eines ungeratenen zwölfjährigen Buben bildete schliesslich den Anstoss zur Schaffung eines «Zucht- und Waisenhauses». Zuchthaus deshalb, weil zusammen mit den Waisen gleichzeitig auch noch Gefangene darin untergebracht wurden! Vielleicht nennt man das Waisenhaus deshalb heute noch «Kischtli»?

Es war eine Art Arbeitsanstalt. Die Insassen mussten für ihren Lebensunterhalt arbeiten, die Gefangenen wie auch die Kinder. Die Knaben hatten Wolle zu streichen und zu spinnen, die Mädchen zu stricken, zu nähen und zu spinnen. Erst etwa neunzig Jahre später wurden die Gefangenen endlich räumlich von den Kindern getrennt untergebracht (1754). Den Grund dafür hatten Frauen geliefert, aber nicht etwa, weil sie um das Wohl der Kinder besorgt waren. Es war vielmehr wegen der immer mehr um sich greifenden Ehetrennungen: Man benutzte damals das Zucht- und Waisenhaus, damit die Ehefrauen (nur diese!) sich durch stilles Nachdenken eines Besseren besinnen sollten. Da man sie aber nicht mit Zuchthäuslern zusammenkommen lassen wollte – einige der Damen stammten immerhin aus gutem Hause – kam man auf die Lösung, die Gefangenen durch räumliche Trennung zu separieren. Schliesslich wurde im ehemaligen Predigerkloster ein Gefängnis eingerichtet (1806), und das Waisenhaus stand nun ausschliesslich den Kindern zur Verfügung.

Die Zeit Pestalozzis brachte einen weiteren Gesinnungswandel mit sich. Nun erhielten die Kinder einige Stunden Schulunterricht und sogar eine Stunde pro Tag (!) Zeit zum Spielen. Unter Waisenhausvater **Johann Jakob Schäublin** (1822–1901) wurden weitere Verbesserungen in die Wege geleitet. Schäublin ist vor allem bekannt als Herausgeber einer «Liedersammlung für Jung und Alt». Als er 1867 Waisenhausvater wurde, waren ihm rund 140 Waisen, Halbwaisen und uneheliche Kinder anvertraut. Bis dahin hatte man die Knaben und Mädchen streng getrennt gehalten. Schäublin wollte diese Trennung nun aufheben. Er war überzeugt, dass es nur Vorteile mit sich brächte: «Die Knaben gewinnen an Milde, die Mädchen an Festigkeit», meinte er dazu. Das war ein Anfang, aber eine eigentliche Koedukation im Waisenhaus wurde erst 1951 verwirklicht.

Heute gehen die rund fünfzig Kinder in die öffentlichen Schulen. Waisen befinden sich kaum mehr unter ihnen, es sind leider hauptsächlich Kinder aus zerrütteten Ehen. «Die Eltern sind in dem traurigen Wahne,

dass der Bürger ein Recht habe, wenn ihm die Sorge für seine Kinder zu schwer falle, sie dem Waisenhaus zu übergeben ... denn Sorglosigkeit und Liederlichkeit nehmen überhand und es herrscht Mangel an häuslichem Sinn und überhandnehmende Genusssucht.» Dieser modern anmutende Satz stammt aus einem Bericht aus dem Jahre 1835!
Im Laufe der Zeit hat sich in der Kindererziehung und bei der Rolle der Frau vieles geändert. Trotzdem findet man immer wieder einiges, das durch all die Jahrhunderte hindurch gleich geblieben ist. Sonnen- und Schattenseiten sind in jeder Generation zu finden, die Kindheitserinnerungen wirken stets vergoldet, und die heimeligen alten Häuser wecken die Sehnsucht nach der guten alten Zeit, aber ohne dass man ihre Nachteile spüren muss.
Die Frauen und Kinder, über deren Leben wir auf unseren Spaziergängen etwas erfahren konnten, haben das Bild der Stadt Basel geprägt und geformt, genauso wie die Männer. Die vielen verschiedenen Gestalten mit ihren Schicksalen stehen auch für weitere, unzählige namenlose Frauen und Kinder, die die Stadt zu dem gemacht haben, was heute unverwechselbar zu Basel gehört.

Personen- und Sachregister

Quellen

Literaturnachweis

[1] Zitiert nach: Arno Borst: Lebensformen im Mittelalter, Frankfurt 1992, S. 67.
[2] Jakob Glatz: Rosaliens Vermächtnis oder Worte einer guten Mutter, Reutlingen 1830, S. 22.
[3] Shulamit Shahar: Kindheit im Mittelalter, Hamburg 1993, S. 196.
[4] Dorothee Rippmann: Frauenwerk und Männerarbeit, in: Basler Zeitschrift für Geschichte und Altertumskunde, 95. Band 1995, S. 21.
[5] Ulrich Im Hof: Isaak Iselin, 138. Neujahrsblatt der GGG, Basel 1960, S. 18.
[6] Esther Baur Sarasin: Reflexionen einer gebildeten Baslerin, in: Basler Zeitung, Magazin, 27. Juni 1998.
[7] Stefan Hess, Thomas Lochmann: Basilea, ein Beispiel städtischer Repräsentation in weiblicher Gestalt, Katalog zur Ausstellung in der Skulpturenhalle, Basel 2001.
[8] Sebastian Brant: Das Narrenschiff, München 1944, S. 162.
[9] Zitiert nach: Gertrud Lendorff: Kleine Geschichte der Baslerin, Basel 1966, S. 48.
[10] Katharina Arni-Howald: Heinrich Ludwig Lehmann aus Magdeburg, Hauslehrer in Solothurn 1794, in: Neue Mittellandzeitung, 17. August 1998, S. 8.
[11] Gertrud Lendorff: Kleine Geschichte der Baslerin, Basel 1966, S. 114.
[12] E. Schlumberger-Vischer: Der Reichensteinerhof zur Zeit der Alliierten, Basel 1901, S. 9.
[13] Christa Diemel: Elisabeth Burckhardt-Vischer und ihre Zeit, Jahresbericht der Freunde des Klingentalmuseums 1999, S. 28.
[14] Zitiert nach: René Teuteberg, in: Der Reformation verpflichtet, hrsg. vom Kirchenrat der Evangelisch-reformierten Kirche Basel-Stadt, Basel 1979, S. 40.
[15] Ernst Staehelin: Wibrandis Rosenblatt, in: Zeitwende, 26. Jahrgang, Hamburg 1955, S. 394.
[16] Zitiert nach: Ernst Staehelin: Zeitwende, 26. Jahrgang, Hamburg 1955, S. 398.
[17] Elisabeth Flüeler: Die Geschichte der Mädchenbildung in der Stadt Basel, 162. Neujahrsblatt der GGG, Basel, 1984, S. 99.
[18] Elisabeth Flüeler: Die Geschichte der Mädchenbildung in der Stadt Basel, 162. Neujahrsblatt der GGG, Basel 1984, S. 100.
[19] Wilhelm Levinson: Das Wesen der Ursula-Legende, in: Bonner Jahrbücher, 132, Köln 1928, S. 44 ff.
[20] Zitiert nach einem Vortragsmanuskript von Gustav Adolf Wanner.
[21] Gertrud Lendorff: Kleine Geschichte der Baslerin, Basel 1966, S. 63.
[22] Daniel Burckhardt-Werthemann: Bilder und Stimmen aus dem verschwundenen Basel, Basel 1946, S. 20.
[23] Daniel Burckhardt-Werthemann: Vom alten Basel und seinen Gästen, Basel 1948, S. 165.
[24] Elisabeth Flüeler: Die Geschichte der Mädchenbildung in der Stadt Basel, 162. Neujahrsblatt der GGG, Basel 1984, S. 36, 58.
[25] Gustav Adolf Wanner: Vom «Leopard» und seinen Bewohnern, Basler Nachrichten 17. August 1972.
[26] Brief an Sophie Haufe vom 16. Juni 1805, zitiert nach: Liselotte Reber-Liebrich: Hebel als Briefschreiber, in: Johann Peter Hebel: Wesen, Werk, Wirkung, hrsg. von der Basler Hebelstiftung, Basel 1990.

[27] Johann Peter Hebel: «Geisterbesuch auf dem Feldberg» (Gedicht).
[28] F. K. Mathys: Spiel und Sport im alten Basel, Basel 1954, S. 42.
[29] Gustav Adolf Wanner: Der Stadtarzt am Imbergässlein, in: Basler Nachrichten 6. Juli 1974.
[30] National-Zeitung, 22. Februar 1944 und 11. November 1963.
[31] Urs Ramseyer u. a.: Vom Trommeln und Pfeifen, Basel 1986, S. 167.
[32] Daniel Burckhardt-Werthemann: Bilder und Stimmen aus dem verschwundenen Basel, Basel 1946, S. 24.
[33] Zitiert nach: René Teuteberg: Berühmte Basler und ihre Zeit, Basel 1976, S. 40.
[34] Gustav Adolf Wanner: Der Rauchenstein am Gerbergässlein, in: Basler Zeitung 17. November 1979.
[35] E. H. Zellweger: Lily Zellweger-Steiger, in: Der Reformation verpflichtet, hrsg. vom Kirchenrat der Evangelisch-reformierten Kirche Basel-Stadt, Basel 1979, S. 139.
[36] Yvonne D. Koechli: Eine Frau kommt zu früh, Zürich 1992.
[37] Gustav Adolf Wanner: «Zur Schäferei» in der Santihans, in: Basler Zeitung 6. August 1983.
[38] Gertrud Lendorff: Kleine Geschichte der Baslerin, Basel 1966, S. 127.
[39] René Teuteberg: Christian Wurstisen, in: ders.: Berühmte Basler und ihre Zeit, Basel 1976, S. 39.
[40] Hans-Rudolf Hagemann: Das Rechtsleben im alten Basel, Basel 1989, S. 59.
[41] Irina Bossart: Verborgene Geschichten, in: Ansichtssache, Hrsg. Frauenstadtrundgang Basel, Zürich 2001, S. 86.
[42] Andrea Franc: Im Namen des Vaters, in: Basler Zeitung, Magazin, 18. August 2001.
[43] Susanna Burghartz: Frauen-Politik, Weiberregiment, in: Basler Zeitung, Magazin, 10. April 1993.
[44] Daniel Burckhardt-Werthemann: Bilder und Stimmen aus dem verschwundenen Basel, Basel 1946, S. 178.
[45] Erika Billeter: Leben mit Zeitgenossen, Vorwort von Maja Sacher, Basel 1980.
[46] Der französische Dichter Eustache Deschamps, zitiert nach: Johan Huizinga: Herbst des Mittelalters, Stuttgart 1975, S. 42.
[47] F. K. Mathys: Spiel und Sport im alten Basel, Basel 1954, S. 32.
[48] Carl Spitteler: Meine frühesten Erlebnisse, Zürich 1945, S. 72.
[49] Marilise Rieder, Hans Peter Rieder, Rudolf Suter: Basilea botanica, Basel 1979, S. 228.
[50] Paul Koelner: Unterm Baselstab 2, Basel 1922, S. 38.
[51] Shulamit Shahar, Kindheit im Mittelalter, Hamburg 1993, S. 58.
[52] Alfred Hartmann: Basilea latina, Basel 1978, S. 179.
[53] Felix Platter: Tagebuch, Basel/Stuttgart 1976, S. 122.
[54] Daniel Burckhardt-Werthemann: Bilder und Stimmen aus dem verschwundenen Basel, Basel 1946, S. 140.
[55] Daniel Burckhardt-Werthemann: Bilder und Stimmen aus dem verschwundenen Basel, Basel 1946, S. 143.
[56] Daniel Burckhardt-Werthemann: Bilder und Stimmen aus dem verschwundenen Basel, Basel 1946, S. 140.
[57] Erasmus von Rotterdam: Schülergespräche, Stuttgart 1982, S. 47.
[58] Felix Platter: Tagebuch, Basel/Stuttgart 1976, S. 82.
[59] Felix Platter: Tagebuch, Basel/Stuttgart 1976, S. 85 f.
[60] Felix Platter: Tagebuch, Basel/Stuttgart 1976, S. 81.
[61] Felix Platter: Tagebuch, Basel/Stuttgart 1976, S. 58.

[62] René Teuteberg: Wer war Jacob Burckhardt?, Basel 1997, S. 40.
[63] Johann Jacob Bachofen, Begleitpublikation zur Ausstellung im Historischen Museum, Basel 1987, S. 12.
[64] René Teuteberg: Berühmte Basler und ihre Zeit, Basel 1976, S. 30.
[65] Hans Friedrich Geist: Spielzeug, München 1971, S. 23.
[66] Zitiert nach: Friedrich Meyer: Andreas Ryff, in: Basler Stadtbuch 1962, S. 282.
[67] Friedrich Meyer: Andreas Ryff, in: Basler Stadtbuch 1962, S. 289.
[68] Elisabeth Flüeler: Die Geschichte der Mädchenbildung in der Stadt Basel, 162. Neujahrsblatt der GGG, Basel 1984, S. 44.
[69] Sophie von La Roche: Das Fräulein von Sternheim, Leipzig 1938, S. 193.
[70] F. K. Mathys: Spiel und Sport im alten Basel, Basel 1954, S. 56.
[71] Felix Platter: Tagebuch, Basel/Stuttgart 1976, S. 59.
[72] «Mein liebes Emma», Briefe von Peter Vischer, in: Basler Stadtbuch 1968.
[73] Gustav Adolf Wanner: Häuser, Menschen, Schicksale, Bd. II, Basel 1986, S. 127.
[74] E. Schlumberger-Vischer: Der Reichensteinerhof zur Zeit der Alliierten, Basel 1901, S. 47.
[75] Daniel Burckhardt-Werthemann: Vom alten Basel und seinen Gästen, Basel 1948, S. 124.
[76] Gustav Adolf Wanner: Leonhard Euler, in: ders.: Rund um Basels Denkmäler, Basel 1975, S. 50.
[77] Adolf Zinsstag: Helge und Gschichte us em alte Basel, Basel 1964, S. 11.
[78] Daniel Burckhardt-Werthemann: Bilder und Stimmen aus dem verschwundenen Basel, Basel 1946, S. 32.
[79] Waltraud Ch. Haas: Erlitten und erstritten, Basel 1994, S. 118.
[80] Karl Preiswerk: In Erinnerung an Ida Frohnmeyer, in: Basler Stadtbuch 1970, S. 245f.
[81] Ninon Hesse (Hrsg.): Kindheit und Jugend vor Neunzehnhundert, Hesse in Briefen und Lebenszeugnissen, Frankfurt 1966, S. 9.
[82] Ninon Hesse (Hrsg.): Kindheit und Jugend vor Neunzehnhundert, Hesse in Briefen und Lebenszeugnissen, Frankfurt 1966, S. 13f.
[83] Aeneas Silvio Piccolomini, Sekretär des Konzils, zitiert nach: F. K. Mathys: Spiel und Sport im alten Basel, Basel 1954, S. 16.
[84] Elisabeth Flüeler: Die Geschichte der Mädchenbildung in der Stadt Basel, 162. Neujahrsblatt der GGG, Basel 1984, S. 64.
[85] Carl Jacob Burckhardt: Ges. Werke in 6 Bänden, Bern 1971; Band 4: Portraits und Begegnungen, Erinnerungen an Auguste Piccard, S. 374.
[86] Daniel Burckhardt-Werthemann: Bilder und Stimmen aus dem verschwundenen Basel, Basel 1946, S. 111.
[87] Daniel Burckhardt-Werthemann: Vom alten Basel und seinen Gästen, Basel 1948, S. 58.
[88] Elisabeth Schober: Aus dem Leben einer Näherin, Hrsg. Johannes Linder, Basel 1853.
[89] Gertrud Lendorff: Basel im Bund der alten Eidgenossenschaft, Bern 1975, S. 37.
[90] Anja Huovinen: Quergänger, Basel 1991, S. 36.
[91] Gustav Adolf Wanner: Häuser, Menschen, Schicksale, Band II, Basel 1986, S.107.
[92] Hrsg. Andreas Morel, 178. Neujahrsblatt der GGG, Basel 2000.
[93] Dr. Fritz Nagel: Die Basler Mathematiker Bernoulli, Bernoulli-Edition, Universitätsbibliothek Basel.
[94] Daniel Burckhardt-Werthemann: Vom alten Basel und seinen Gästen, Basel 1948, S. 185.

[95] Theodor Zwinger, Basler Professor für Botanik und Anatomie (1658–1724), zitiert nach: Marilise Rieder, Hans Peter Rieder, Rudolf Suter: Basilea botanica, Basel 1979, S. 129.

[96] Daniel Burckhardt-Werthemann: Vom alten Basel und seinen Gästen, Basel 1948, S. 185.

[97] Rolf Andree: Arnold Böcklin, Basel 1998, S. 16.

[98] Gustav Adolf Wanner: Fremde Tiere in Basel, in: Basler Nachrichten, 1. Juni 1974.

[99] Adolf Zinsstag: Helge und Gschichte us em alte Basel, Basel 1964, S. 51.

[100] Paul Meier-Kern: Verbrecherschule oder Kulturfaktor? Kino und Film in Basel 1896–1916, 171. Neujahrsblatt der GGG, Basel 1993.

[101] F. K. Mathys: Spiel und Sport im alten Basel, Basel 1954.

[102] Carl Spitteler: Meine frühesten Erlebnisse, Zürich 1945, S. 21.

[103] Daniel Burckhardt-Werthemann: Häuser und Gestalten aus Basels Vergangenheit, Basel 1925, S. 44.

[104] Daniel Burckhardt-Werthemann: Häuser und Gestalten aus Basels Vergangenheit, Basel 1925, S. 61.

[105] Felix Platter: Tagebuch, Basel/Stuttgart 1976, S. 98.

[106] Zitiert nach: Margret Ribbert: Das Puppenhaus der Familie Kelterborn, Basler Kostbarkeiten 21, Basel 2000, S. 9.

[107] Zitiert nach: Margret Ribbert: Das Puppenhaus der Familie Kelterborn, Basler Kostbarkeiten 21, Basel 2000, Anmerkung 5 S. 44.

[108] Alfred Hartmann: Basilea latina, Basel 1978, S. 217.

[109] Stich von Hans Heinrich Glaser, 1642, im Staatsarchiv.

[110] Zitiert nach: Akzént, Pro Senectute, August 2001, S. 15.

[111] Bice Curiger: Meret Oppenheim, Zürich 1984, S. 46.

[112] Bice Curiger: Meret Oppenheim, Zürich 1984, S. 130.

[113] Zitiert nach: Daniel Burckhardt-Werthemann: Matthäus Merian, 129. Neujahrsblatt der GGG, Basel 1951, S. 42.

[114] Alfred Hartmann: Amerbach-Korrespondenz, Basel 1942–1958, Bd. 1, S. 156 (Brief vom 23. 9. 1502).

[115] Zitiert nach: Christoph Vögele: Niklaus Stoecklin, Ausstellungskatalog Kunstmuseum Winterthur/Städtische Museen Freiburg, Museum für neue Kunst, 1997, S. 11.

[116] Theobald Baerwart: Im diefschte Glaibasel, Basel 1935, S. 136.

[117] Eugen A. Meier: Sandmännchen und Sandweibchen im alten Basel, Basel 1970.

[118] Elisabeth Flüeler: Geschichte der Mädchenbildung in der Stadt Basel, 162. Neujahrsblatt der GGG, Basel 1984.

[119] Eugen A. Meier: Basler Almanach, Basel 1988, S. 85.

[120] Martin Schaffner: Die Basler Arbeiterbevölkerung im 19. Jh., Dissertation Basel 1972, S. 34.

[121] Basler Nachrichten, 29. September 1973.

[122] Theobald Baerwart: Im diefschte Glaibasel, Basel 1935, S. 73.

[123] Theobald Baerwart: Im diefschte Glaibasel, Basel 1935, S. 99.

[124] Paul Barth: Kleinbasler Erinnerungen, Basler Jahrbuch 1910, S. 233.

[125] Die Cholera in Basel und ihre städtebaulichen Folgen, in: Basler Zeitung, Magazin, 8. November 1997.

[126] Paul Barth: Kleinbasler Erinnerungen, Basler Jahrbuch 1910, S. 241.

Bildnachweis

Für nachfolgende Abdruckgenehmigungen danken wir herzlich.

- Titelseite: © Helen Liebendörfer, Muttenz.
- Seite 14, 15: © Helen Liebendörfer, Muttenz.
- Seite 25: © Klaus Brodhage, Basel.
- Seite 31: Urs Graf, Mutter mit Kind in den Armen. 1514. Feder. 21,8x15,6 cm. Inv. U.X.59. Müller 2001, Nr. 32. © Öffentliche Kunstsammlung Basel, Kupferstichkabinett.
- Seite 33: © Klaus Brodhage, Basel.
- Seite 39: © Helen Liebendörfer, Muttenz.
- Seite 45: Bice Curiger: Meret Oppenheim. ABC Verlag Zürich, 1982, Seite 15, 231.
- Seite 51: © Helen Liebendörfer, Muttenz.
- Seite 59: Rolf Frei, Dominik Labhardt. Basel sehen – Seeing Basel. Opinio Verlag, Basel, 2001, Seite 12. © Rolf Frei.
- Seite 65: © Reproduktion UB Basel. Freundlicherweise zur Verfügung gestellt von Dr. René Teuteberg.
- Seite 69: © Helen Liebendörfer, Muttenz.
- Seite 73: © Klaus Brodhage, Basel.
- Seite 75: © Helen Liebendörfer, Muttenz.
- Seite 81: Adolf Spiess, Zeichnung, 1845. © Schweizerisches Sportmuseum, Basel.
- Seite 87: © Helen Liebendörfer, Muttenz.
- Seite 91: Hans Holbein d. J., Bildnis der Familie des Künstlers mit den beiden älteren Kindern. Um 1528. Gefirnisste Tempera auf Papier auf Lindenholz. 77x64 cm. Inv. 325. © Öffentliche Kunstsammmlung Basel, Kunstmuseum, Martin Bühler.
- Seite 97: Ludwig Adam Kelterborn (1811 in Hannover geboren, 1878 in Basel gestorben), Elise im Hühnerhof, 1842. Privatbesitz Basel. © Hans Kelterborn, Thun.
- Seite 99: Rolf Frei, Dominik Labhardt. Basel sehen – Seeing Basel. Opinio Verlag, Basel, 2001, Seite 92. © Dominik Labhardt.
- Seite 103: © Helen Liebendörfer, Muttenz.
- Seite 109: © Helen Liebendörfer, Muttenz.
- Seite 115: © Rolf Jeck, Reinach.
- Seite 117: © Helen Liebendörfer, Muttenz.
- Rückseite: Papiermaché-Gruppe: Herr eine Dame auf Schubkarre schiebend. © Historisches Museum Basel, HMB P. Portner.

Autorin

Helen Liebendörfer (*1943) ist Baslerin, bekannt als Stadtführerin und Dozentin an der Volkshochschule Basel. Mit grosser Liebe und Begeisterung zeigt sie die besonderen, versteckten Sehenswürdigkeiten der Stadt.

Von Helen Liebendörfer sind bereits im Friedrich Reinhardt Verlag erschienen: «Spaziergänge in Basel für Touristen und Einheimische» (3. Auflage 2000) und «Spaziergäng zu Malern, Dichtern und Musikern in Basel» (2000).

Helen Liebendörfer im Friedrich Reinhardt Verlag

Spaziergänge in Basel für Touristen und Einheimische

3., überarbeitete Auflage
84 Seiten, mit farbigen Abbildungen
kartoniert

CHF 19.80 EUR 13.50
ISBN 3-7245-1145-0

Spaziergänge zu Malern, Dichtern und Musikern in Basel

123 Seiten, mit farbigen Abbildungen
kartoniert

CHF 19.80 EUR 13.50
ISBN 3-7245-1110-8

Friedrich Reinhardt Verlag
Missionsstrasse 36, 4012 Basel